KB273886

**피해자 보호처분/임시조치/접근금지**
**면담 강요, 전화통화, 문자 팩스 금지조치**
**신고/고소 방법**

# 접근금지
# 가정폭력
# 고소방법

편저 : 대한법률콘텐츠연구회

(콘텐츠 제공)

## 해설 · 최신서식 · 판례

법문북스

# 머 리 말

　우리 사회는 유교적 전통이 남아있으므로 남성 뿐 아니라 여성들 사이에서도 남성과 여성에 관한 불평등의식은 강하게 공유되고 있습니다. 한편 남편에게 말대꾸를 하다가 맞은 여성에게 주변의 가족들은 때린 사람이나 맞은 사람이나 다 같이 서로 잘못했다고 대응합니다.

　남편은 부부간의 대화에서 아내가 자신에게 말대꾸하고 답답하게 이야기하는 것이 폭행의 이유가 된다고 생각하고 있습니다.

　아내의 반박하는 그 말은 대화 아니라, 남편의 권위에 대한 일종의 도전처럼 생각하고 있는 것입니다. 이러한 남편이나 주위의 가족들의 의식 속에서 그 부부는 평등한 관계가 아니라 남편이 아내 위에 군림하는 수직적 관계이며, 무조건 동조하지 않는 아내와는 원만한 대화가 불가능하고, 경우에 따라 남편이 폭행을 행사하는 것이 큰 잘못으로 인식되지 않음을 알 수 있습니다.

　남녀평등의식이 부족한 그 남성들은 아내와 평등하고 원만한 대화를 하기 어렵다는 것을 알 수 있습니다. 남편들의 낮은 남녀평등의식은 아내와의 의사소통에 영향을 주어 아내폭행을 발생시킬 수가 있는 중요한 변인임을 추론할 수 있습니다.

　폭행하는 남편의 성격적 변인으로 중요한 다른 하나는 공격성입니다.

　아내폭행을 일삼는 남편들은 일상생활에서도 심리적이나 언어적, 육체적으로 공격성이 높은 사람들입니다

　부부 간의 원활한 의사소통의 정도는 곧 부부관계의 질을 나타냅니다.

　대인간 의사소통은 대인간의 상호작용이라고 할 수 있는데, 의사소통에는 언어적이고 비언어적인 모든 행위가 포함되고, 나아가 지각 가능한 모든 행위들은 본질적으로 의사소통적인 것이라고 볼 수 있기 때문입니다.

　따라서 부부간의 의사소통이 잘된다는 것은 단순히 의사표현의 문제만이 아니라 평소 부부가 얼마나 원만한 상호작용을 하는가, 부부간에 얼마나 신뢰하고 친밀감을 느끼는가

와 같은 부부관계의 질을 말하는 것입니다. 이러한 관점에서 볼 때, 폭력은 의사소통의 부정적 결과로 그 목적이 무엇이든 가해자가 의도적으로 상대방에게 육체적 상해를 입힐 목적으로 사용되는 것이며, 따라서 부부간에 발생하는 폭력은 부부 상호간의 부정적 의사소통의 결과로 볼 수 있습니다.

낮은 자존감을 가진 사람들은 배우자에 대하여 언어적 학대를 할 가능성이 아주 높습니다. 또한 자존감이 낮은 사람들은 높은 자존감을 지닌 사람들에 비해 상대방이 하는 불쾌하고 거슬리는 행동의 원인이 자기와 관련되었다고 생각하는, 자기 참조적 생각 때문에 오해를 하는 경우가 많은 것으로 나타났습니다.

공격성은 항상 안정적이라기보다는 상황에 따라 변화되면서 행동에 직접적인 영향을 미치는 성격특질이라는 것이 검증되었습니다. 따라서 높은 스트레스 상황은 남편의 공격성을 활성화시켜 아내폭행에 정적인 영향을 줄 것이므로 그 폭력이 지속적이고 그 정도가 심한 것이라 할 수 있습니다.

폭력의 유형을 보면 칼이나 흉기로 위협하거나, 주먹이나 발로 구타하거나, 머리채를 휘어잡거나, 담뱃불로 지지는 등의 심각한 폭행이 주를 이루고 있습니다. 그러나 폭행이 처음이 아니고 오랫동안 남편의 폭행이 지속된 경우가 대부분인데 어린아이들 때문에 이러지도 저러지도 못하는 분들이 많습니다.

흉기를 이용한 폭력행위나 위협, 주먹이나 발을 사용한 폭행, 마구 때리는 등의 폭행을 심각한 폭행으로 분류하고 심각한 폭행의 경우는 단 일회라도 심각한 폭행자로 분류하며, 경미한 폭행이라도 반복적으로 나타나는 경우에는 심각한 폭행자로 분류하고 있습니다.

남편의 폭행을 피해 쉼터에 피신해 있는 여성들은 자신의 남편이 세상에 무서운 사람이 없고 하물며 부모형제도 모르며, 그렇다고 해서 대인관계도 원만치 않고, 매우 난폭한 성격의 소유자라고 합니다.

결국 아내폭행은 폭행하는 남편 안에 내재된 그 공격성이 여러 가지 변인들에 의하여 활성화되면서 발생한다고 할 수 있습니다. 남편의 아내에 대한 적대감은 아내와의 부정적인 상호작용 속에서 고조되는데 그런 부정적 상호작용에 영향을 주는 아내의 반응특성은 남편에 대한 무시에서 비롯된다고 보여 집니다.

술을 마시고 귀가하였는데 물도 주지 않고 밥도 차려주지 않아 저를 무시하는 것 같아 뭐라고 한마디 했는데 먼저 욕설을 하면서 대들어 부부싸움을 했을 뿐이라고 합니다. 남편은 처가 저를 무시하는 경향이 있어 자주 다툼을 하는 편으로 무시하는 언행을 해서 싸움이 시작된 것으로 이야기를 하고 있습니다.

아내의 무시하는 행동은 남편인 나를 배려해주지 않는 행동이고, 이것은 곧 나의 권위를 존중하지 않으며, 보다 심층적으로는 남편인 나를 우습게 여기기 때문인 것으로 생각하는 것에서 비롯됩니다. 그래서 남편은 아내와 말다툼을 벌이고, 말다툼은 아내에 대한 폭력행사로 발전합니다. 때로 무시는 단순히 남편의 잘못된 지각 때문에 오는 경우도 있을 수 있습니다.

폭행이 싫어서 남편이 원하는 대로 다 했다는 아내도 많습니다.

가족을 위하고 어린 아이들을 생각해서 내가 맞춰야 합니다.

그러면 안 싸웁니다. 반찬 하나를 하더라도 예쁘게 맛있게 딱 시간 맞춰서 뜨거운 거는 뜨겁게, 찬 거는 차갑게, 퇴근 시간 맞춰 냉장고에서 꺼내서 대령하고 내가 무엇을 하든 간에 항상 남편이 싫어하지 않을까 염두에 두고 살려고 하면 싸움을 할일이 없다고 생각하는 아내도 많습니다.

그렇다고 해서 아무런 이유도 없이 때리고 발로 걷어차는 폭력을 참고 살 그런 분은 이제 이 세상에는 없습니다. 폭행은 어떻게 보면 아주 나쁜 버릇입니다. 툭하면 때리고 폭행을 가하는 사람은 습관입니다. 아무런 말도 하지 않고 참고 살아야 할 필요는 없습니다. 어린아이들을 불쌍하게 생각하고 참고 또 참고 살아야겠다고 마음을 먹는 순간 폭행은 사라지지 않습니다. 그것이 이유가 되어 때려도 되고 폭행해도 되는 것으로 착각하고 계속 폭행을 당할 수밖에 없습니다.

우리 법문북스에서는 가정폭력을 당하고 억울한 마음을 가지고 있는 피해자가 남의 힘을 빌리지 않고도 스스로 신고하는 방법과 이혼으로 가지 않고도 임시조치는 물론이고 계속되는 위협으로부터 벗어날 수 있는 접근금지를 신청하거나 다시는 폭행을 하지 못하도록 긴급조치를 취할 수도 있고 이수명령을 통하여 새사람으로 거듭 다시 태어날 수 있도록 할 수 있는 방법과 고소장은 어떻게 작성하고 그 고소장은 어디에 접수하여야 하며,

고소가 진행되는 고소방법을 보다 자세히 알려드리고 법률전문가의 도움 없이도 직접 해결할 수 있도록 하는 실무지침서를 적극 권장하고 싶습니다.

- 법문북스 -

# 차례

## 본 문

# 최신서식

# 관 련  판 례

# 본문

# 제1장 가정폭력범죄의 처벌 등에 관한 특례법 '가정폭력'

가정폭력은 '가정폭력범죄의 처벌 등에 관한 특례법' 을 말합니다.

가정폭력이라 함은 한 집에서 거주하는 가족 중의 한 사람이 다른 가족 구성원에게 신체적인 해를 입히거나 폭행, 구타를 가하는 것과 자원에 대한 접근과 개인적 자유를 제한하거나, 외부세계와 고립시킴으로써 육체적, 심리적, 성적 학대를 일삼는 것을 통틀어 '가정폭력' 혹은 '가정폭력범죄의 처벌 등에 관한 특례법' 이라고 합니다.

가족폭력 중에서 남편들이 아내에게 가하는 폭력을 아내구타, 아내학대, 이내폭행 등의 용어들로 일컫습니다. 아내를 폭행하는 많은 남성들이 이야기하는 것은 아내를 폭행한 원인이 아내의 남편에 대한 '무시' 라는 것입니다. 남편들 세계는 배우거나 배우지 못하거나 아내에게 무시를 당하는 것을 제일 참을 수 없어한다고 합니다. 특히 경제력이 있고 배운 여자일수록 남자를 무시한다고 생각하고 있습니다. 위 경우에서 볼 수 있듯이 아내의 경제력과 학력은 남편을 무사할 수 있는 기반이 되는 것입니다.

따라서 남편이 아내보다 못났을 때, 아내는 남편인 나를 무시할 수 있고 이것은 남편에게 제일 참을 수 없는 일이라고 주장합니다. 그렇다고 해서 사람을 그것도 아내를 툭하면 때리고 폭행을 일삼는 그러한 남편의 행동은 지탄받아 마땅합니다.

한국 사회는 유교적 전통이 남아있으므로 남성 뿐 아니라 여성들 사이에서도 남성과 여성에 관한 불평등의식은 강하게 공유되고 있습니다. 한편 남편에게 말대꾸를 하다가 맞은 여성에게 주변의 가족들은 때린 사람이나 맞은 사람이나 다 같이 서로 잘못했다고 대응합니다. 남편은 부부간의 대화에서 아내가 자신에게 말대꾸하고 답답하게 이야기하는 것이 폭행의 이유가 된다고 생각하고 있습니다.

또한 아내의 반박하는 그 말은 대화 아니라, 남편의 권위에 대한 일종의 도전처럼 생각하고 있는 것입니다. 이러한 남편이나 주위의 가족들의 의식 속에서 그 부부는 평등한 관계가 아니라 남편이 아내 위에 군림하는 수직적 관계이며, 무조건 동조하지 않는 아내와는 원만한 대화가 불가능하고, 경우에 따라 남편이 폭행을 행사하는 것이 큰 잘못으로 인식되지 않음을 알 수 있습니다. 즉, 남녀평등의식이 부족한 그 남성들은 아내와 평등하고 원만한 대화를 하기 어렵다는 것을 알 수 있습니다. 남편들의 낮은 남녀평등의식은 아내와의 의사소통에 영향을 주어 아내폭행을 발생시킬 수가 있는 중요한 변인임을 추론할 수 있습니다.

폭행하는 남편의 성격적 변인으로 중요한 다른 하나는 공격성입니다. 아내폭행을 일삼는 남편들은 일상생활에서도 심리적이나 언어적, 육체적으로 공격성이 높은 사람들입니다

부부 간의 원활한 의사소통의 정도는 곧 부부관계의 질을 나타냅니다. 대인간 의사소통은 대인간의 상호작용이라고 할 수 있는데, 왜냐하면 의사소통에는 언어적이고 비언어적인 모든 행위가 포함되고, 나아가 지각 가능한 모든 행위들은 본질적으로 의사소통적인 것이라고 볼 수 있기 때문입니다.

따라서 부부간의 의사소통이 잘된다는 것은 단순히 의사표현의 문제만이 아니라 평소 부부가 얼마나 원만한 상호작용을 하는가, 부부간에 얼마나 신뢰하고 친밀감을 느끼는가와 같은 부부관계의 질을 말하는 것입니다. 이러한 관점에서 볼 때, 폭력은 의사소통의 부정적 결과로 그 목적이 무엇이든 가해자가 의도적으로 상대방에게 육체적 상해를 입힐 목적으로 사용되는 것이며, 따라서 부부간에 발생하는 폭력은 부부 상호간의 부정적 의사소통의 결과로 볼 수 있습니다.

낮은 자존감을 가진 사람들은 배우자에 대하여 언어적 학대를 할 가능성이 높습니다. 또한 자존감이 낮은 사람들은 높은 자존감을 지닌 사람들에 비해 상대방이 하는 불쾌하고 거슬리는 행동의 원인이 자기와 관련되었다고 생각하는, 자기 참조적 생각 때문에 오해를 하는 경우가 많은 것으로 나타났습니다.

공격성은 항상 안정적이라기보다는 상황에 따라 변화되면서 행동에 직접적인 영향을 미치는 성격특질이라는 것이 검증되었습니다. 따라서 높은 스트레스 상황은 남편의 공격성을 활성화시켜 아내폭행에 정적인 영향을 줄 것이므로 그 폭력이 지속적이고 그 정도가 심한 것이라 할 수 있습니다.

폭력의 유형을 보면 칼이나 흉기로 위협하거나, 주먹이나 발로 구타하거나, 머리채를 휘어잡거나, 담뱃불로 지지는 등의 심각한 폭행이 주를 이루고 있습니다. 그러나 폭행이 처음이 아니고 오랫동안 남편의 폭행이 지속된 경우가 대부분입니다.

흉기를 이용한 폭력행위나 위협, 주먹이나 발을 사용한 폭행, 마구 때리는 등의 폭행을 심각한 폭행으로 분류하고 심각한 폭행의 경우는 단 일회라도 심각한 폭행자로 분류하며, 경미한 폭행이라도 반복적으로 나타나는 경우에는 심각한 폭행자로 분류하고 있습니다.

남편의 폭행을 피해 쉼터에 있는 여성들은 자신의 남편이 세상에 무서운 사람이 없고 하물며 부모형제도 모르며, 그렇다고 해서 대인관계도 원만치 않고, 매우 난폭한 성격의 소유자라고 합니다.

결국 아내폭행은 폭행하는 남편 안에 내재된 그 공격성이 여러 가지 변인들에 의하여 활성화되면서 발생한다고 할 수 있습니다. 남편의 아내에 대한 적대감은 아내와의 부정적인 상호작용 속에서 고조되는데 그런 부정적 상호작용에 영향을 주는 아내의 반응특성은 남편에 대한 무시에서 비롯된다고 보여 집니다.

술을 마시고 귀가하였는데 물도 주지 않고 밥도 차려주지 않아 저를 무시하는 것 같아 뭐라고 한마디 했는데 먼저 욕을 하면서 대들어 부부싸움을 했을 뿐이라고 합니다. 남편은 처가 저를 무시하는 경향이 있어 자주 다툼을 하는 편으로 무시하는 언행을 해서 싸움이 시작된 것으로 이야기 하고 있습니다.

아내의 무시하는 행동은 남편인 나를 배려해주지 않는 행동이고, 이것은 곧 나의 권위를 존중하지 않으며, 보다 심층적으로는 남편인 나를 우습게 여기기 때문인 것으로 생각하는 것에서 비롯됩니다. 그래서 남편은 아내와 말다툼을 벌이고, 말다툼은 아내에 대한 폭력행사로 발전합니다. 때로 무시는 단순히 남편의 잘못된 지각 때문에 오는 경우도 있을 수 있습니다.

폭행이 싫어서 남편이 원하는 대로 다 했다는 아내도 많습니다. 가족을 위하고 아이들을 생각해서 내가 맞춰야 합니다. 그러면 안 싸웁니다. 반찬 하나를 하더라도 예쁘게 맛있게 딱 시간 맞춰서 뜨거운 거는 뜨겁게, 찬 거는 차갑게, 퇴근 시간 맞춰 냉장고에서 꺼내서 대령하고 내가 무엇을 하든 간에 항상 남편이 싫어하지 않을까 염두에 두고 살려고 하면 싸울일이 없다고 생각하는 아내도 많은 편입니다.

가부장적 문화 속에서 폭행남편들은 자식을 훈육하듯이 아내의 잘못된 행동이나 생각을 '때려서라도 바로 잡아야' 한다고 생각하는 나쁜 버릇이 있습니다. 따라서 아내가 담배를 피우고, 늦게 귀가하는 것은 맞을 만큼 잘못된 행동이고 '잘못했으니까 당연히 맞아야' 한다고 이야기 할 수 있을 만큼 자신의 행동에 있어 남편들은 정정당당하다고 생각합니다.

폭행 남편들은 아내가 잔소리하거나 자신이 하는 말에 대꾸하거나, 남편에게 대드는 행동 때문에 폭력을 휘두른다고 하고 있습니다. 따라서 폭행남편들과 아내들 간의 상호작용을 보면, 한쪽이 다른 한쪽을 비난하거나, 트집 잡으면서 말다툼이 시작되고, 남편이 아내의 비난이나 그 잔소리를 대화보다는 폭력으로 응수하는 과정에서 폭행이 유발된다는 것을 알 수가 있습니다.

# 제1절 신고하는 방법

　가정폭력범죄의 처벌 등에 관한 특례법(이하, 앞으로는 '가정폭력' 이라고 줄여 쓰겠습니다) 가정폭력은 다른 가정의 사생활이 아닌 하나의 범죄입니다. 누구든지 가정폭력을 알게 된 경우에는 가정폭력범죄의 처벌 등에 관한 특례법 제4조 제1항에 따라 경찰의 112범죄를 신고하거나 119구조대에 신고하여 구조를 요청할 수 있습니다.

# 제2절 가정폭력 신고의무

　일반인의 경우 가정폭력에 대한 신고의무가 없습니다.

　그러나 다음 중 어느 하나에 해당하는 교육기관, 의료기관, 보호시설의 종사자는 그 직무를 수행하면서 가정폭력범죄를 알게 된 경우에는 정당한 사유가 없으면 즉시 신고해야 합니다(가정폭력범죄의 처벌 등에 관한 특례법 제4조 제1항 참조).

1. 아동의 교육과 보호를 담당하는 기관의 종사자와 그 기관장

2. 아동, 60세 이상의 노인 그 밖에 정상적인 판단능력이 결여된 사람의 치료 등을 담당하는 의료인 및 의료기관의 장

3. 노인복지시설, 아동복지시설, 장애인복지시설의 종사자와 그 기관장

4. 다문화가족지원센터의 전문 인력과 그 장

5. 국제결혼중개업자와 그 종사자

6. 구조대 · 구급대의 대원

7. 사회복지 전담공무원

8. 건강가정지원센터의 종사자와 그 센터의 장

　위의 어느 하나에 해당하는 사람이 정당한 사유 없이 가정폭력의 신고를 하지 않을 경우에는 300만 원 이하의 과태료가 부과됩니다(가정폭력범죄의 처벌 등에 관한 특례법 제66조 제1호 참조).

다음 중 어느 하나에 해당하는 기관에 근무하는 상담원과 그 기관장은 가정폭력
피해자(이하 "피해자"라고 합니다) 또는 그 가족 등과 상담을 하는 과정에서 가정폭
력범죄 사실이 확인된 경우에는 피해자의 명시적인 반대의견이 없으면 즉시 이를 신
고해야만 합니다(가정폭력범죄의 처벌 등에 관한 특례법 제4조 제3항 참조).

1. 아동상담소
2. 가정폭력 상담소 및 피해자 보호시설
3. 성폭력 피해 상담소 및 성폭력 피해자 보호시설

## 제3절 신고자의 보호

누구든지 가정폭력범죄를 신고한 사람에게 그 신고행위를 이유로 불이익을 주어서
는 안 됩니다(가정폭력범죄의 처벌 등에 관한 특례법 제4조 제4항 참조).

## 제4절 증거확보 방법

가정폭력범죄를 신고하시려면 가능한 많은 증거를 확보하는 것이 중요합니다. 폭력
을 당한 근거를 입증할 수 있는 사진이나 폭력행위를 증명하기 위해서는 휴대폰으로
동영상을 촬영하거나 스크린샷을 찍어 두어는 것이 좋습니다.

신고를 바로 하지 못했더라도 그때 그때 마다 의원이나 병원으로 찾아가 폭행으로
인한 상처에 대하여 진단서를 미리 발급받아 두었다가 또 폭력을 가할 때는 112범죄
를 신고하거나 119구조대에 신고하고 출동한 경찰관이나 소방대원에게 미리 발급받은
진단서를 제출하고 가정폭력 사실을 주장하고 증거로 제출하시면 좋습니다.

목격자가 있으면 그 목격자에 대한 인적사항이나 휴대전화번호를 확보하여 증언을 부
탁하시거나 그 목격자로 하여금 자필로 사실확인서를 작성해 받아 두는 것이 좋습니다.

폭행사실 인정 확약서 또는 각서를 받아 두는 것도 좋습니다. 가정폭력을 인정한
각서나 확약서는 후일 가정폭력으로 고소를 하거나 이혼소송에서 매우 중요한 역할을
하는 증거자료가 됩니다.

# 제5절 신고할 때 준비사항

신고할 때는 경찰의 112범죄 신고를 하거나 긴급한 상황에서는 119구조대에 긴급
구조를 요청할 수 있습니다. 첫째, 피해 상황 둘째, 가해자 정보 셋째, 가정폭력 발생
시간 및 장소 넷째, 목격자가 있는 경우 그 목격자의 인적사항이나 휴대전화번호를
확보하여야 합니다.

# 제6절 출동한 경찰의 법적 보호 조치

가정폭력범죄를 신고 받은 경찰은 우선 피해자의 보호를 위한 긴급조치를 취합니
다. 이를테면 가해자로부터 격리조치를 취하고, 접근 금지 명령을 발동하고, 휴대전화
등의 연락 금지를 취하고, 필요에 따라서 피해자를 가장 안전한 장소로 이동조치를
취할 수 있습니다.

경찰이나 구급대에 신고하는 것은 피해자가 추가적인 가정폭력으로부터 즉시 보호
받을 수 있는 가장 확실한 방법입니다. 출동하는 경찰이나 구급대가 한 사건만 처리
하는 것이 아니므로 신속한 구호 조치를 받기 위해서는 피해자가 스스로 증거를 미리
확보하여야 합니다.

# 제7절 접근금지 명령

가정 보호재판은 일정한 가정구성원 사이의 가정폭력사건 등에 대하여 그 환경의
조정과 성행의 교정에 관한 보호처분을 행하는 재판입니다.

배우자, 직계존비속 등 일정한 가정구성원 사이에 신체적, 정신적 또는 재산상 피
해를 수반하는 가정폭력행위가 발생한 경우에는 검사 또는 법원 등은 이를 가정법원
에 송치할 수 있습니다.

가정법원은 가정보호사건의 원활한 조사 · 심리 또는 피해자의 보호를 위하여 필요
하다고 인정하는 때에는 결정으로 행위자에 대하여 피해자 또는 가정구성원의 주거 ·

방실로부터 퇴거 등의 격리를 명하거나 피해자의 주거 등에서 100미터 이내의 '접근금지를 명' 하는 등의 임시조치를 할 수 있습니다.

또한 가정법원은 가정보호사건에 대하여 가정보호조사관으로 하여금 사건에 대하여 조사하도록 한 다음 그 조사보고 등에 기초하여 심리한 후에 종국결정을 하는 것을 원칙으로 합니다. 종국결정에는 행위자가 피해자에게 접근하는 행위를 제한하는 처분이나 친권자인 행위자의 피해자에 대한 친권행사의 제한하는 처분과 사회봉사명령 · 수강명령, 보호관찰처분, 감호위탁, 또는 치료위탁 및 상담위탁처분 등이 있고, 위 각 처분은 병과 될 수도 있습니다.

# 제2장 가정폭력범죄 형사고소

## 가. 형사고소

가정폭력의 피해자 또는 그 법정대리인으로서는 가정폭력범죄를 범한 사람 및 가정구성원인 공범(이하 "가정폭력행위자" 라고 합니다)을 경찰서에 고소할 수 있습니다. 이 때 피해자의 법정대리인이 가정폭력행위자인 경우 또는 가정폭력행위자와 공동으로 가정폭력범죄를 범한 경우에는 피해자의 친족이 고소할 수 있습니다(가정폭력범죄의 처벌 등에 관한 특례법 제6조 제1항 참조).

피해자는 가정폭력행위자가 자기의 직계존속(아버지, 어머니 등) 또는 배우자의 직계존속(시부모, 장인 · 장모 등)인 경우에도 고소할 수 있습니다(가정폭력범죄의 처벌 등에 관한 특례법 제6조 제2항 참조).

따라서 피해자에게 고소할 법정대리인이나 친족이 없는 경우에 이해관계인이 신청하면 검사는 10일 이내에 고소권자를 지정해야 합니다(가정폭력범죄의 처벌 등에 관한 특례법 제6조 제3항 참조).

## 나. 배우자의 가정폭력에 대한 고소

가정폭력범죄를 고소하면 우선 경찰이 응급조치를 실시하고 사건을 바로 검찰에 송치하여야 합니다.

검사는 피해자의 신속한 보호를 위해 필요한 경우에 직권 또는 사법경찰관의 신청으로 법원에 피해자의 격리, 접근금지 명령등의 임시조치를 청구하며, 사건을 수사해서 기소 여부 또는 가정보호사건으로 처리 여부 등을 결정합니다.

가정보호사건으로 송치된 사건에 대해 법원은 조사 · 심리를 통해 보호처분 여부 및 내용을 결정합니다. 이와는 별도로 직권 또는 피해자의 신청에 의해 가정폭력행위자에게 부양료, 손해배상금 등을 배상할 것을 명령할 수 있습니다.

# 다. 경찰 수사 단계

가정폭력범죄에 대해 신고를 받은 사법경찰관(사법경찰관리)는 즉시 현장에 나가서 다음 어느 하나에 해당하는 응급조치를 해야 합니다(가정폭력범죄의 처벌 등에 관한 특례법 제5조 참조).

1. 폭력행위의 제지, 가정폭력행위자·피해자의 분리 및 범죄수사
2. 피해자를 가정폭력관련상담소 또는 보호시설로 인도(피해자가 동의한 경우만 해당함)
3. 긴급치료가 필요한 피해자를 의료기관으로 인도
4. 폭력행위 재발 시 임시조치(가정폭력범죄의 처벌 등에 관한 특례법 제8조 참조)를 신청할 수 있음을 통보

사법경찰관은 위와 같은 응급조치에도 불구하고 가정폭력범죄가 재발될 우려가 있거나 긴급을 요하여 법원의 임시조치 결정을 받을 수 없을 때에는 직권 또는 피해자나 그 법정대리인의 신청에 따라서 다음의 어느 하나에 해당하는 조치(이하 "긴급임시조치" 라 함)를 할 수 있습니다(가정폭력범죄의 처벌 등에 관한 특례법 제8조의2 제1항 및 제29조 제1항 제1호·제2호·제3호 참조)

- 피해자 또는 가정구성원의 주거 또는 점유하는 방실(房室)로부터의 퇴거 등 격리
- 피해자 또는 가정구성원의 주거, 직장 등에서 100미터 이내의 접근 금지
- 피해자 또는 가정구성원에 대한 전기통신(전기통신기본법 제2조 제1호)을 이용한 접근 금지
- 사법경찰관은 긴급임시조치를 한 때에는 즉시 그 범죄사실의 요지, 긴급임시조치가 필요한 사유 등을 기재한 긴급임시조치결정서를 작성해야 합니다(가정폭력범죄의 처벌 등에 관한 특례법 제8조의2 제2항 및 제3항).

사법경찰관은 가정폭력범죄를 신속히 수사해서 사건을 검사에게 송치해야 합니다(가정폭력범죄의 처벌 등에 관한 특례법 제7조 전단).

# 라. 검찰 수사 단계

검사는 가정폭력범죄가 재발될 우려가 있다고 인정하는 경우에는 직권으로 또는 사법경찰관의 신청에 의해 다음의 임시조치를 취해 줄 것을 법원에 청구할 수 있습니다(가정폭력범죄의 처벌 등에 관한 특례법 제8조 제1항 및 제29조 제1항 제1호·제2호·제3호).

1. 피해자 또는 가정구성원의 주거 또는 점유하는 방실(房室)로부터의 퇴거 등 격리

2. 피해자 또는 가정구성원의 주거, 직장 등에서 100미터 이내의 접근금지

3. 피해자 또는 가정구성원에 대한 전기통신(전기통신기본법 제2조 제1호)을 이용한 접근금지

검사는 가정폭력행위자가 위의 임시조치를 위반해서 가정폭력범죄가 재발될 우려가 있다고 인정하는 경우에 직권으로 그 가정폭력행위자를 국가경찰관서의 유치장, 구치소에 유치하는 임시조치를 법원에 청구할 수 있습니다(가정폭력범죄의 처벌 등에 관한 특례법 제8조 제2항).

사법경찰관이 긴급임시조치를 한 때에는 지체 없이 검사에게 임시조치를 신청하여야 합니다(가정폭력범죄의 처벌 등에 관한 특례법 제8조의3 제1항 참조).

사법경찰관으로부터 임시조치의 신청을 받은 검사는 사법경찰관이 긴급임시조치를 한 때부터 48시간 이내에 긴급임시조치결정서를 첨부하여 법원에 임시조치를 청구해야 합니다(가정폭력범죄의 처벌 등에 관한 특례법 제8조의3 제1항 참조).

검사가 임시조치를 청구하지 않거나 법원이 임시조치의 결정을 하지 않은 때에는 즉시 긴급임시조치를 취소해야 합니다(가정폭력범죄의 처벌 등에 관한 특례법 제8조의3 제2항 참조).

검사는 가정폭력범죄 사건의 성질, 동기 및 결과, 가정폭력행위자의 성행 등을 고려하여 사건을 다음과 같이 처리합니다.

상담 조건부 기소유예를 하는 경우 가정폭력범죄사실은 인정되지만 형사처벌을 받을 정도는 아니고, 가정폭력행위자의 성행의 교정을 위하여 필요하다고 인정하는 경우(가정폭력범죄의 처벌 등에 관한 특례법 제9조의2 참조).

형사기소를 하는 경우 형사처벌을 받아야 할 사안인 경우(형사소송법 제246조 참조). 다만, 사안의 중대성에 따라 벌금형 등의 약식명령을 청구할 수 있습니다(형사소송법 제448조 및 제449조 참조).

가정보호사건 처리하는 경우 다음 사안에서 사건의 성질 · 동기 및 결과, 가정폭력행위자의 성행 등을 고려해서(가정폭력범죄의 처벌 등에 관한 특례법)에 따른 보호처분을 하는 것이 적절하다고 인정하는 경우(가정폭력범죄의 처벌 등에 관한 특례법 제9조 참조).

1. 피해자의 고소가 있어야 공소를 제기할 수 있는 가정폭력범죄에서 피해자의 고소가 없거나 취소된 경우

2. 피해자의 명시적인 의사에 반해 공소를 제기할 수 없는 가정폭력범죄에서 피해자가 처벌을 희망하지 않는다는 명시적 의사표시를 하였거나 처벌을 희망하는 의사표시를 철회한 경우

## 마. 법원 단계(가정보호사건 처리)

가정폭력범죄로 고소한 후 검사가 법원으로 기소를 하는 경우 법원에서 형사소송법 상 절차에 따라 사건을 진행한 후 피고인에 대하여 집행유예, 벌금형, 징역형 등의 처벌을 받게 됩니다. 가정법원에서 가정보호사건을 처리하는 절차는 아래와 같습니다.

(1) 조사 및 심리

재판장은 가정보호사건의 조사 · 심리에 필요하다고 인정하는 경우에는 기일을 정하고 가정폭력행위자, 피해자, 가정구성원이나 그 밖의 참고인을 소환할 수가 있으며, 행위자가 정당한 이유 없이 소환에 응하지 않으면 동행영장을 발부할 수 있습니다(가정폭력범죄의 처벌 등에 관한 특례법 제24조 참조).

가정보호사건의 심리는 비공개로 진행될 수 있으며(가정폭력범죄의 처벌 등에 관한 특례법 제32조 참조), 특별한 사유가 없으면 송치받거나 이송받은 날부터 3개월 이내에 처분을 결정하여야 합니다(가정폭력범죄의 처벌 등에 관한 특례법 제38조 참조).

## (2) 임시조치

재판장은 가정보호사건의 원활한 조사 · 심리 또는 피해자 보호를 위해 필요하다고 인정하는 경우에는 결정으로 가정폭력행위자에게 다음의 어느 하나에 해당하는 임시조치를 할 수 있습니다(가정폭력범죄의 처벌 등에 관한 특례법 제29조 제1항).

1. 피해자 또는 가정구성원의 주거 또는 점유하는 방실(房室)로부터의 퇴거 등 격리

2. 피해자 또는 가정구성원의 주거·직장 등에서 100미터 이내의 접근 금지

3. 피해자 또는 가정구성원에 대한 전기통신(전기통신기본법 제2조 제1호)을 이용한 접근금지

4. 의료기관이나 그 밖의 요양소에의 위탁

5. 국가경찰관서의 유치장 또는 구치소에의 유치

6. 상담소등에의 상담위탁

위 1.부터 3.까지의 임시조치기간은 2개월(2회 연장, 최장 6개월까지 가능), 4.및 5.의 임시조치기간은 1개월(1회 연장, 최장 2개월까지 가능)을 초과할 수 없습니다(가정폭력범죄의 처벌 등에 관한 특례법 제29조 제5항 본문).

## (3) 불처분 결정

재판장은 심리 결과 다음 어느 하나에 해당하는 경우에 처분을 하지 않는다는 결정을 해야 합니다(가정폭력범죄의 처벌 등에 관한 특례법 제37조 제1항).

1. 보호처분을 할 수 없거나 할 필요가 없다고 인정하는 경우

2. 사건의 성질 · 동기 및 결과, 행위자의 성행·습벽 등에 비추어 가정보호사
건으로 처리하는 것이 적당하지 않다고 인정하는 경우

## (4) 보호처분

재판장은 심리 결과 보호처분이 필요하다고 인정하는 경우에는 결정으로 다음
의 어느 하나 또는 둘 이상으로 해당하는 처분을 할 수 있습니다(가정폭력범
죄의 처벌 등에 관한 특례법 제40조 참조).

1. 가정폭력행위자가 피해자 또는 가정구성원에게 접근하는 행위의 제한

2. 가정폭력행위자가 피해자 또는 가정구성원에게 전기통신(전기통신기본법
   제2조 제1호)을 이용해서 접근하는 행위의 제한

3. 가정폭력행위자가 피해자의 친권자인 경우 피해자에 대한 친권 행사의 제
   한(이 경우에는 피해자를 다른 친권자나 친족 또는 적당한 시설로 인도할
   수 있음)

4. 보호관찰 등에 관한 법률에 따른 사회봉사 · 수강명령

5. 보호관찰 등에 관한 법률에 따른 보호관찰

6. 법무부장관 소속으로 설치한 감호위탁시설 또는 법무부장관이 정하는 보
   호시설에의 감호위탁

7. 의료기관에의 치료위탁

8. 상담소등에의 상담위탁

위의 4.를 제외한 나머지 보호처분의 기간은 6개월(1회 연장, 최장 1년까지
가능)을 초과할 수 없으며, 위 4.의 사회봉사 · 수강명령의 시간은 각각 200
시간(1회 연장, 최장 400시간까지 가능)을 초과할 수 없습니다(가정폭력범죄
의 처벌 등에 관한 특례법 제41조 및 제45조 참조)

위의 1.부터 3.에 해당하는 보호처분을 받고도 이를 이행하지 않으면 2년 이
하의 징역이나 2,000만 원 이하의 벌금, 구류에 처해집니다(가정폭력범죄의
처벌 등에 관한 특례법 제63조 제1항 제1호 참조).

(5) 항고 및 재항고

검사 또는 가정폭력행위자, 법정대리인, 보조인은 법원의 임시조치, 보호처분, 보호처분의 변경 · 취소에 있어 그 결정에 영향을 미칠 법령 위반이 있거나 중대한 사실 오인이 있거나 그 결정이 현저히 부당한 경우, 법원의 불처분 결정이 현저히 부당한 경우에는 가정폭력범죄의 처벌 등에 관한 특례법 제49조에 의하여 가정법원 본원합의부(가정법원이 설치되어 있지 않은 지역은 지방법원 본원합의부를 말합니다)에 항고할 수 있습니다.

(6) 배상신청

가정폭력의 피해자는 가정보호사건이 계속된 그 제1심 법원에 다음의 금전 지급이나 배상명령을 신청할 수 있고, 피해자의 신청이 없더라도 법원이 직권으로 위 배상명령을 내릴 수도 있습니다(가정폭력범죄의 처벌 등에 관한 특례법 제56조 및 제57조 참조).

1. 피해자 또는 가정구성원의 부양에 필요한 금전의 지급

2. 가정보호사건으로 인해 발생한 직접적인 물적 피해 및 치료비 손해의 배상

배상명령은 보호처분의 결정과 동시에 하여야 하며, 가집행을 할 수가 있음을 선고할 수가 있습니다(가정폭력범죄의 처벌 등에 관한 특례법 제58조 참조).

확정된 배상명령이나 가집행선고가 있는 배상명령이 기재된 보호처분결정서의 정본은 민사집행법에 따른 강제집행에 관해 집행력 있는 민사판결의 정본과 동일한 효력을 가지므로(가정폭력범죄의 처벌 등에 관한 특례법 제61조 제1항 참조), 가정폭력행위자가 배상명령을 이행하지 않으면 강제집행을 통해 그 권리를 실현할 수 있습니다.

(7) 위자료 청구(손해배상)

가정폭력으로 인해 정신상 고통을 입은 피해자는 가정폭력범죄의 처벌 등에 관한 특례법의 고소와는 별도로 그 가정폭력행위자에 대해 정신상 고통에 대한 위자료로 손해배상을 청구할 수가 있습니다(민법 제750조 및 제751조 참조).

# 제3장 고소방법

## 1. 고소장 접수 및 수사권

가정폭력범죄의 처벌 등에 관한 특례법위반 고소사건의 1차적 수사권, 수사종결권은 경찰에 있으므로 고소장은 피고소인에 대한 주소지를 관할하는 경찰서에 접수하여야 합니다.

피고소인의 인적사항을 자세히 알지 못하는 경우 고소장의 피고소인 인적사항 란에 피고소인이 사용하는 휴대전화번호 등의 기본정보를 기재하시고 고소인의 주소지를 관할하는 경찰서에 제출하시면 사안에 따라서 사법경찰관이 검사에게 압수수색 영장을 청구하는 절차를 거쳐 피고소인의 인적범위를 추적 수사하여 확보하고 피고소인을 출석시켜 조사가 이루어집니다.

경찰서에 가정폭력범죄의 처벌 등에 관한 특례법위반 고소장이 접수되면 수사를 담당하는 사법경찰관이 고소장과 고소장에 첨부된 증거자료를 검토하고 먼저 고소인을 상대로 피해진술을 받고 범죄사실을 파악한 후에 피고소인을 출석시켜 범죄사실을 추궁하는 조사를 마칩니다.

## 2. 경찰의 결정

수사를 마친 사법경찰관은 수사와 판단으로 피의자에 대하여 범죄혐의가 인정된다고 판단되면 피의자를 1차적 수사권에 의하여 기소의견으로 검찰에 송치하고 피의자에 대한 범죄혐의가 인정되지 않는다고 판단되면 수사종결권에 의하여 불송치(사법경찰관이 수사한 결과로 피의자를 기소의견으로 검찰에 송치하지 아니하고 경찰의 수사와 판단으로 가정폭력범죄의 처벌 등에 관한 특례법위반죄 고소사건을 종결처리 한다는 뜻입니다) 결정하게 됩니다.

# 3. 불송치 결정 통지

사법경찰관이 피의자를 기소의견으로 검찰에 송치하지 않고 불송치 결정을 하는 때에는 7일 이내에 서면으로 고소인에게 가정폭력범죄의 처벌 등에 관한 특례법위반죄 고소사건을 기소의견으로 검찰에 송치하지 아니하는 취지와 그 이유를 통지하여야 합니다.

# 4. 불송치 결정에 대한 이의신청

사법경찰관으로 하여금 불송치결정통지서를 받은 고소인은 그 사법경찰관 소속 관서의 장(경찰서장)에게 이의신청을 할 수 있습니다.

고소인이 이의신청을 할 수 있는 이의신청기간은 형사소송법을 개정하면서 별도로 정하지 않았기 때문에 고소인은 가정폭력범죄의 처벌 등에 관한 특례법위반죄 고소사건의 공소시효가 만료되지 않은 이상 언제든지 불송치 결정에 대한 이의신청을 할 수 있습니다.

# 5. 검찰청으로 수사기록 송부

불송치 결정에 대한 이의신청을 받은 사법경찰관은 지체 없이 고소인이 제출한 이의신청서와 사법경찰관이 지금까지 가정폭력범죄의 처벌 등에 관한 특례법위반죄 고소사건에 대하여 수사한 수시기록을 비롯하여 증거물을 고스란히 검사에게 송부하여야 합니다.

## 6. 검사의 재수사 요청 여부의 판단

이의신청서와 수사기록을 넘겨받은 검사는 고소인이 제출한 이의신청서와 사법경찰관이 작성한 수사기록을 비교, 검토하고 사법경찰관이 가정폭력범죄의 처벌 등에 관한 특례법위반죄 고소사건에 대하여 피의자를 기소의견으로 검찰에 송치하지 아니하고 불송치 결정을 한 것이 위법 또는 부당한 때는 90일 이내에 사법경찰관에게 다시 재수사 요청 여부를 판단하여야 합니다.

가정폭력범죄의 처벌 등에 관한 특례법위반죄 고소장은 피고소인의 가정폭력행위는 성립요건이 모두 인정될 수 있도록 사법경찰관에게 설명하는 식으로 작성하고 사법경찰관을 이해시켜야 불송치 결정이 되지 않습니다.

불송치 결정이 되었다 하더라도 검사에게 이의신청서를 통하여 사법경찰관이 불송치이유로 삼은 법적 근거는 어떠한 이유에서 왜 위법하고 부당한 것인지를 그 이유를 설명하여야 검사가 고소인의 이의신청을 받아들여 다시 사법경찰관에게 위법이나 부당한 이유를 구체적으로 명시하여 사법경찰관에게 재수사를 요청하고 최종적으로 기소 여부를 판단하기 때문에 고소의 목적을 달성할 수 있습니다.

# 최신서식

# 제4장 가정폭력범죄 고소장 최신서장

(1) 고소장 - 가정폭력범죄의 처벌 등에 관한 법률 툭하면 주먹으로 얼굴을 때리고
발로 걷어차는 가정폭력 강력한 처벌을 요구하는 고소장 최신서식

# 고 소 장

고  소  인 : ○  ○  ○

피 고 소 인 : ○  ○  ○

## 경상남도 밀양경찰서장 귀중

# 고 소 장

## 1.고소인

| 성명 | ○ ○ ○ | | 주민등록번호 | 생략 |
|---|---|---|---|---|
| 주소 | 경상남도 밀양시 ○○로 ○길 ○○, ○○○호 | | | |
| 직업 | 생략 | 사무실<br>주 소 | 생략 | |
| 전화 | (휴대폰) 010 - 6754 - 0000 | | | |
| 대리인에 의한<br>고소 | □ 법정대리인 (성명 :    ,       연락처              )<br>□ 소송대리인 (성명 : 변호사,    연락처           ) | | | |

## 2.피고소인

| 성명 | ○ ○ ○ | | 주민등록번호 | 생략 |
|---|---|---|---|---|
| 주소 | 밀양시 ○○○로 ○번길 ○○, ○○○-○○○호 | | | |
| 직업 | 무직 | 사무실<br>주 소 | 생략 | |
| 전화 | (휴대폰) 010 - 3987 - 0000 | | | |
| 기타사항 | 고소인과의 관계 - 친·인척관계 없습니다. | | | |

## 3. 고소취지

고소인은 피고소인에 관하여 다음과 같이 가정폭력범죄의 처벌 등에 관한 특례법 상의 가정폭력으로 고소하오니 피고소인을 철저히 수사하여 법의 준엄함을 절실히 깨달을 수 있도록 엄벌에 처해 주시기 바랍니다.

## 4. 범죄사실

(1) 적용법조

○ 가정폭력범죄의 처벌 등에 관한 특례법 제63조(보호처분 등의 불이행죄)

제1항 다음 각 호의 어느 하나에 해당하는 가정폭력행위자는 2년 이하의 징역 또는 2,000만 원 이하의 벌금 또는 구류에 처한다.

1. 제40조 제1항 제1호부터 제3호까지의 어느 하나에 해당하는 보호처분 이 확정된 후에 이를 이행하지 아니한 가정폭력행위자.

2. 제55조의2에 따른 피해자보호명령 또는 제55조의4에 따른 임시보호명령 을 받고 이를 이행하지 아니한 가정폭력행위자.

제2항 정당한 사유 없이 제29조 제1항 제1호부터 제3호까지의 어느 하나에 해당하는 임시조치를 이행하지 아니한 가정폭력행위자는 1년 이하의 징역 또는 1,000만 원 이하의 벌금 또는 구류에 처한다.

제3항 상습적으로 제1항 및 제2항의 죄를 범한 가정폭력행위자는 3년 이하의 징역이나 3,000만 원 이하의 벌금에 처한다.

제4항 제3조의2 제1항에 따라 이수명령을 부과 받은 사람이 보호관찰소의 장 또는 교정시설의 장의 이수명령 이행에 관한 지시에 불응하여 「보호관찰 등에 관한 법률」 또는 「형의 집행 및 수용자의 처우에 관한 법률」에 따른 경고를 받 은 후 재차 정당한 사유 없이 이수명령 이행에 관한 지시에 불응한 경우 다음 각 호에 따른다.

1. 벌금형과 병과된 경우에는 500만 원 이하의 벌금에 처한다.

2. 징역형의 실형과 병과 된 경우에는 1년 이하의 징역 또는 1,000만 원 이하의 벌금에 처한다.

(2) 당사자의 관계

○ 고소인과 피고소인은 ○○○○. ○○. ○○.에 결혼식을 올리고 동거를 시작하였으며, ○○○○. ○○. ○○. 혼인신고를 마친 법률상 부부로서(증제1호증의1 내지 1호), 슬하에는 딸 ○○○(당 15세) 아들 ○○○(당 13세)를 두고 있습니다(증제2호증의1 내지 3호)

(3) 피고소인의 계속되는 가정폭력

가. ○○○○. ○○. ○○.경 피고소인의 가정폭력

○ 피고소인은 결혼 후 얼마 지나지 않아서 아무런 이유 없이 술을 먹고 귀가하면 폭력적으로 변하기 시작하더니 이제는 딸아이가 지켜보는 자리에서 느닷없이 고소인에게 입에 담을 수 없는 욕설을 퍼붓고 주먹으로 얼굴을 가격하고 발로 걷어차 고소인을 방바닥에 넘어뜨리는 폭행까지 일삼았습니다.

○ ○○○○. ○○. ○○. 늦겨울 고소인이 딸아이를 출산하자 아들을 낳지 못한다는 이유를 들어 고소인과 피고소인은 부부싸움을 한 적이 있었습니다.

○ 부부싸움을 하는 과정에서 피고소인은 화가 난다며 온갖 모욕적인 고함을 질러대며 툭하면 신혼집의 방문과 현관문을 발로 걷어차는 등 도자기까지 집어던져 부수는 것입니다.

○ 고소인은 피고소인의 이러한 행동을 보고 무서워서 울면서 딸아이를 안고 친정집으로 피신한 것이 한 두 번이 아니었습니다.

○ 피고소인의 가정폭력은 어린 딸아이가 보는 자리에서 일어났기 때문에 고소인으로서는 혹여나 어린 딸아이가 놀라거나 잘못될까 봐 한 동안 걱정을 많이 하였습니다.

나. ○○○○. ○○. ○○.경 피고소인의 가정폭력

　○ ○○○○. ○○. ○○.경 부부싸움이 있었는데 부부싸움 후 감정이 나빠진 피고소인은 갑자기 자다가 깨서는 화를 내고 이리저리 날뛰며 고함을 질러대고 고소인에게 달려들어 입에 담을 수 없는 욕설을 하더니 고소인이 대꾸를 하지 않자 고소인을 향해 주먹으로 때리고 넘어진 고소인을 보고 발로 걷어차는 폭행을 하였습니다.

다. ○○○○. ○○. ○○.경 고소인에 대한 피고소인의 가정폭력

　○ ○○○○. ○○. ○○. ○○:○○경 피고소인이 침대에서 잠을 자고 있는 고소인을 깨우더니'돈을 내놓으라고 하면서 야 씨팔년아', 미친년아. 라는 욕설을 퍼 붓길래 고소인이 딸아이가 놀란다며 응접실로 나가자며 피고소인을 데리고 응접실로 가자 피고소인은 느닷없이 고소인의 팔을 잡아당기면서 비틀어 그만 고소인은 방바닥으로 넘어져 고소인으로 하여금 3주간의 치료를 요하는 다발성 좌상 등의 상해를 입게 하였습니다 (증제3호증).

(4) 결어

○ 피고소인은 분노조절장애를 가지고 있는 사람 같습니다.

○ 순간 화가 나면 그 화를 참지 못하고 어린 딸아이가 있건 없건 무조건 고함을 지르고 옆에 있는 물건을 닥치는 대로 부수고 폭행까지 마다하지 않습니다.

○ 그리고 피고소인의 가정폭력은 가족구성원에게 얼마나 정서상 감정상 그리고 육체상 큰 피해를 주는지 알지 못하고 있고 더구나 어린 딸아이와 아들에게 얼마나 큰 상처를 주는지 조차 알지 못하고 있는 듯합니다.

○ 따라서 피고소인의 가정폭력이 가정폭력범죄의 처벌 등에 관한 특례법에 따라 처벌함으로써 피고소인에게 수강명령, 사회봉사명령 등의 보호처분을 함이 반드시 필요하다고 할 것입니다.

○ 한편 수사를 담당하는 사법경찰관께서는 사건을 엄정히 수사하여 가정폭력범

죄의 처벌 등에 관한 특례법 제7조에 따라 해당 사건을 가정보호사건으로 처리하는 것이 적절하다는 의견을 제시하여 검찰에 송치하여 주실 것을 아울러 간청합니다.

○ 존경하는 검사님께서 위와 같은 피고소인의 가정폭력은 반드시 고쳐야만 하는 행동입니다. 따라서 이 사건을 가정폭력범죄의 처벌 등에 관한 특례법 제9조 제1항 및 같은 법 제11조 제1항에 따라 관할 가정법원에 송치하여 주시어 가정보호사건으로 처리될 수 있도록 처리하여 주시기 바랍니다. 이로써 피고소인이 수강과 사회봉사의 과정을 통해 다시 태어나는 계기가 될 수 있도록 하여 주실 것을 신청합니다.

## 5.증거자료

□ 고소인은 고소인의 진술 외에 제출할 증거가 없습니다.

■ 고소인은 고소인의 진술 외에 제출할 증거가 있습니다.

☞ 제출할 증거의 세부내역은 별지를 작성하여 첨부합니다.

## 6.관련사건의 수사 및 재판여부

| ① 중복 고소여부 | 본 고소장과 같은 내용의 고소장을 다른 검찰청 또는 경찰서에 제출하거나 제출하였던 사실이 있습니다 □ / 없습니다 ■ |
|---|---|
| ② 관련 형사사건 수사유무 | 본 고소장에 기재된 범죄사실과 관련된 사건 또는 공범에 대하여 검찰청이나 경찰서에서 수사 중에 있습니다 □ / 수사 중에 있지 않습니다 ■ |
| ③ 관련 민사소송 유무 | 본 고소장에 기재된 범죄사실과 관련된 사건에 대하여 법원에서 민사소송 중에 있습니다 □ / 민사소송 중에 있지 않습니다 ■ |

## 7.기타

본 고소장에 기재한 내용은 고소인이 알고 있는 지식과 경험을 바탕으로 모두 사실대로 작성하였으며, 만일 허위사실을 고소하였을 때에는 형법 제156조 무고죄로 처벌받을 것임을 아울러 서약합니다.


○○○○ 년 ○○ 월 ○○ 일


위 고소인 : ○  ○  ○    (인)


# 경상남도 밀양경찰서장 귀중

별지 : 증거자료 세부 목록
　　　(범죄사실 입증을 위해 제출하려는 증거에 대하여 아래 각 증거별로 해당 난을
　　　구체적으로 작성해 주시기 바랍니다)

## 1. 인적증거

| 성 명 | ○ ○ ○ | | 주민등록번호 | 생략 | | |
|---|---|---|---|---|---|---|
| 주 소 | 밀양시 ○○로 ○길 ○○, ○○○호 | | | | 직업 | 학생 |
| 전 화 | (휴대폰) 010 - 2390 - 0000 | | | | | |
| 입증하려는 내 용 | 위 ○○○은 고소인의 어린 딸아이로서 피고소인이 고소인을 폭행하는 장면을 옆에서 직접 목격하여 피고소인의 폭행사실을 입증하고자합니다. | | | | | |

## 2. 증거서류

| 순번 | 증 거 | 작성자 | 제출 유무 |
|---|---|---|---|
| 1 | 혼인관계증명서 | 고소인 | ■ 접수시 제출　□ 수사 중 제출 |
| 2 | 가족관계증명서 | 고소인 | ■ 접수시 제출　□ 수사 중 제출 |
| 3 | 주민등록등본 | 고소인 | ■ 접수시 제출　□ 수사 중 제출 |
| 4 | 상해진단서 | 고소인 | ■ 접수시 제출　□ 수사 중 제출 |
| 5 | 각 사진 | 고소인 | ■ 접수시 제출　□ 수사 중 제출 |

## 3. 증거물

| 순번 | 증 거 | 소유자 | 제출 유무 |
|---|---|---|---|
| 1 | 진단서 | 고소인 | ■ 접수시 제출  □ 수사 중 제출 |
| 2 | | | □ 접수시 제출  □ 수사 중 제출 |
| 3 | | | □ 접수시 제출  □ 수사 중 제출 |
| 4 | | | □ 접수시 제출  □ 수사 중 제출 |
| 5 | | | □ 접수시 제출  □ 수사 중 제출 |

## 4. 기타증거

추후 필요에 따라 제출하겠습니다.

(2) 고소장 - 가정폭력범죄 툭하면 어린 아이들이 지켜보는 자리에서 폭행하여 강력
한 처벌을 요구하는 가정폭력범죄 고소장 최신서식

# 고 소 장

고 소 인 : ○ ○ ○

피 고 소 인 : ○ ○ ○

## 창원시 ○○경찰서장 귀중

# 고 소 장

## 1.고소인

| 성명 | ○ ○ ○ | 주민등록번호 | 생략 |
|---|---|---|---|
| 주소 | 창원시 ○○구 ○○로 ○길 ○○, ○○○호 | | |
| 직업 | 생략 | 사무실<br>주 소 | 생략 |
| 전화 | (휴대폰) 010 - 4509 - 0000 | | |
| 대리인에 의한<br>고소 | □ 법정대리인 (성명 :      ,          연락처             )<br>□ 소송대리인 (성명 : 변호사,      연락처             ) | | |

## 2.피고소인

| 성명 | ○ ○ ○ | 주민등록번호 | 생략 |
|---|---|---|---|
| 주소 | 창원시 ○○구 ○○로 ○번길 ○○, ○○○-○○○호 | | |
| 직업 | 무직 | 사무실<br>주 소 | 생략 |
| 전화 | (휴대폰) 010 - 2345 - 0000 | | |
| 기타사항 | 고소인과의 관계 - 친·인척관계 없습니다. | | |

## 3.고소취지

  고소인은 피고소인에 관하여 다음과 같이 가정폭력범죄의 처벌 등에 관한 특례법 상의 가정폭력으로 고소하오니 피고소인을 철저히 수사하여 법의 준엄함을 절실히 깨달을 수 있도록 엄벌에 처해 주시기 바랍니다.

## 4.범죄사실

(1) 적용법조

○ 가정폭력범죄의 처벌 등에 관한 특례법 제63조(보호처분 등의 불이행죄)
  제1항 다음 각 호의 어느 하나에 해당하는 가정폭력행위자는 2년 이하의 징역 또는 2,000만 원 이하의 벌금 또는 구류에 처한다.

  1. 제40조 제1항 제1호부터 제3호까지의 어느 하나에 해당하는 보호처분이 확정된 후에 이를 이행하지 아니한 가정폭력행위자.

  2. 제55조의2에 따른 피해자보호명령 또는 제55조의4에 따른 임시보호명령을 받고 이를 이행하지 아니한 가정폭력행위자.

  제2항 정당한 사유 없이 제29조 제1항 제1호부터 제3호까지의 어느 하나에 해당하는 임시조치를 이행하지 아니한 가정폭력행위자는 1년 이하의 징역 또는 1,000만 원 이하의 벌금 또는 구류에 처한다.

  제3항 상습적으로 제1항 및 제2항의 죄를 범한 가정폭력행위자는 3년 이하의 징역이나 3,000만 원 이하의 벌금에 처한다.

  제4항 제3조의2 제1항에 따라 이수명령을 부과 받은 사람이 보호관찰소의 장 또는 교정시설의 장의 이수명령 이행에 관한 지시에 불응하여 「보호관찰 등에 관한 법률」 또는 「형의 집행 및 수용자의 처우에 관한 법률」에 따른 경고를 받은 후 재차 정당한 사유 없이 이수명령 이행에 관한 지시에 불응한 경우 다음 각 호에 따른다.

  1. 벌금형과 병과된 경우에는 500만 원 이하의 벌금에 처한다.

2. 징역형의 실형과 병과 된 경우에는 1년 이하의 징역 또는 1,000만 원 이하의 벌금에 처한다.

(2) 당사자의 관계

○ 고소인과 피고소인은 ○○○○. ○○. ○○.에 결혼식을 올리고 동거를 시작했습니다. ○○○○. ○○. ○○. 혼인신고를 마친 법률상 부부로서, 슬하에는 아들 ○○○(당 16세) 딸 ○○○(당 13세)를 두고 있습니다.

(3) 피고소인의 가정폭력

가. ○○○○. ○○. ○○.피고소인의 가정폭력

○ 피고소인은 결혼 후 얼마 지나지 않아서 이유 없이 술을 먹고 귀가하면 폭력적으로 돌변하기 시작하더니 이제는 어린 아들과 딸아이가 보는 자리에서 느닷없이 고소인을 향하여 참아 입에 담을 수 없는 욕설을 하고 주먹으로 얼굴을 가격하는 등 발로 걷어차 고소인을 방바닥에 넘어뜨리는 폭행을 하였습니다.

○ 부부싸움을 하는 과정에서 피고소인은 화가 난다며 온갖 모욕적인 고함을 질러대고 툭하면 신혼집의 대문을 발로 걷어차는 등 집에 들어와서는 의도적으로 도자기까지 집어던져 부수는 것입니다.

○ 고소인은 피고소인의 이러한 행동을 보고 무서워서 울면서 어린딸아이를 안고 버스를 타고 친정집으로 피신한 것이 한 두 번이 아니었습니다.

○ 피고소인의 가정폭력은 어린 아이들이 보는 자리에서 일어났기 때문에 고소인으로서는 혹여나 아이들이 놀라거나 잘못될까 봐 한 동안 걱정을 많이 했습니다.

나. ○○○○. ○○. ○○.경 피고소인의 가정폭력

○ ○○○○. ○○. ○○.부부싸움 후 감정이 나빠진 피고소인은 갑자기 자다가 깨서는 화를 내고 이리저리 날뛰며 고함을 질러대고 고소인에게 달려들어 입에 담을 수 없는 욕설을 하더니 고소인이 대꾸를 하지 않았는데 고소인을 주먹으로 때리고 바닥에 넘어진 고소인을 보고 발로 건

어차는 폭행을 일삼았습니다.

다. ○○○○. ○○. ○○.고소인에 대한 피고소인의 가정폭력

○ ○○○○. ○○. ○○. ○○:○○경 피고소인이 침대에서 잠을 자고 있는 고소인을 깨우더니'돈을 내놓으라고 하면서 야 이년아', 야 미친년아. 라는 욕설을 하여 고소인이 어린 딸아이가 놀란다며 응접실로 나가자며 피고소인을 데리고 응접실로 가자 피고소인은 느닷없이 고소인의 팔을 잡아당기면서 비틀어 그만 고소인은 방바닥으로 넘어져 고소인으로 하여금 전치 5주간의 치료를 요하는 다발성 좌상 등의 상해를 입혔습니다 (증제3호증).

(4) 결론

○ 순간 화가 나면 그 화를 참지 못하고 어린 딸아이와 아들이 있건 없건 무조건 고함을 지르고 옆에 있는 물건을 닥치는 대로 부수고 폭행까지 마다하지 않았습니다.

○ 피고소인의 가정폭력은 가족구성원에게 얼마나 정서상 감정상 육체상 큰 피해를 주는지 알지 못하고 있으며 더구나 어린 아이들에게 얼마나 큰 상처를 주는지 조차 전혀 알지 못하고 있는 것 같습니다.

○ 피고소인을 가정폭력범죄의 처벌 등에 관한 특례법에 따라 처벌함으로써 피고소인에게 수강명령, 사회봉사명령 등의 보호처분을 함이 반드시 필요하다고 할 것입니다.

○ 수사를 담당하는 사법경찰관께서는 사건을 엄정히 수사하여 피고소인을 가정폭력범죄의 처벌 등에 관한 특례법 제7조에 따라 해당 사건에 대하여 가정보호사건으로 처리하는 것이 적절하다는 의견서를 작성하여 검찰에 송치하여 주실 것을 아울러 요청 드립니다.

○ 검사님께서 위와 같은 피고소인의 가정폭력은 반드시 고쳐야만 하는 행동입니다. 이 사건을 가정폭력범죄의 처벌 등에 관한 특례법 제9조 제1항 및 같은

법 제11조 제1항에 따라 관할 가정법원에 송치하여 가정보호사건으로 처리될 수 있도록 처리하여 주셨으면 감사하겠습니다.

이로써 고소인은 어린 아이들을 생각해서 피고소인은 수강과 사회봉사의 과정을 통하여 거듭 태어나는 계기가 될 수 있도록 해주셨으면 하는 마음 간절합니다.

## 5.증거자료

□ 고소인은 고소인의 진술 외에 제출할 증거가 없습니다.

■ 고소인은 고소인의 진술 외에 제출할 증거가 있습니다.

☞ 제출할 증거의 세부내역은 별지를 작성하여 첨부합니다.

## 6.관련사건의 수사 및 재판여부

| ① 중복 고소여부 | 본 고소장과 같은 내용의 고소장을 다른 검찰청 또는 경찰서에 제출하거나 제출하였던 사실이 있습니다 □ / 없습니다 ■ |
|---|---|
| ② 관련 형사사건 수사유무 | 본 고소장에 기재된 범죄사실과 관련된 사건 또는 공범에 대하여 검찰청이나 경찰서에서 수사 중에 있습니다 □ / 수사 중에 있지 않습니다 ■ |
| ③ 관련 민사소송 유무 | 본 고소장에 기재된 범죄사실과 관련된 사건에 대하여 법원에서 민사소송 중에 있습니다 □ / 민사소송 중에 있지 않습니다 ■ |

**7.기타**

본 고소장에 기재한 내용은 고소인이 알고 있는 지식과 경험을 바탕으로 모두 사실대로 작성하였으며, 만일 허위사실을 고소하였을 때에는 형법 제156조 무고죄로 처벌받을 것임을 아울러 서약합니다.

○○○○ 년 ○○ 월 ○○ 일

위 고소인 : ○  ○  ○    (인)

## 창원시 ○○경찰서장 귀중

별지 : 증거자료 세부 목록

　　　(범죄사실 입증을 위해 제출하려는 증거에 대하여 아래 각 증거별로 해당 난을
　　　구체적으로 작성해 주시기 바랍니다)

## 1. 인적증거

| 성　명 | ○ ○ ○ | | 주민등록번호 | 생략 | | |
|---|---|---|---|---|---|---|
| 주　소 | 창원시 ○○구 ○○로 ○길 ○○, ○○○호 | | | | 직업 | 지인 |
| 전　화 | (휴대폰) 010 - 3909 - 0000 | | | | | |
| 입증하려는 내　용 | 위 ○○○은 고소인의 지인으로서 피고소인이 고소인을 폭행하는 장면을 직접 목격하여 피고소인의 고소인에 대한 폭행사실을 입증하고자 합니다. | | | | | |

## 2. 증거서류

| 순번 | 증　거 | 작성자 | 제출 유무 |
|---|---|---|---|
| 1 | 혼인관계증명서 | 고소인 | ■ 접수시 제출　□ 수사 중 제출 |
| 2 | 가족관계증명서 | 고소인 | ■ 접수시 제출　□ 수사 중 제출 |
| 3 | 주민등록등본 | 고소인 | ■ 접수시 제출　□ 수사 중 제출 |
| 4 | 상해진단서 | 고소인 | ■ 접수시 제출　□ 수사 중 제출 |
| 5 | 각 사진 | 고소인 | ■ 접수시 제출　□ 수사 중 제출 |

## 3. 증거물

| 순번 | 증 거 | 소유자 | 제출 유무 |
|---|---|---|---|
| 1 | 진단서 | 고소인 | ■ 접수시 제출　□ 수사 중 제출 |
| 2 | | | □ 접수시 제출　□ 수사 중 제출 |
| 3 | | | □ 접수시 제출　□ 수사 중 제출 |
| 4 | | | □ 접수시 제출　□ 수사 중 제출 |
| 5 | | | □ 접수시 제출　□ 수사 중 제출 |

## 4. 기타증거

추후 필요에 따라 제출하겠습니다.

(3) 고소장 - 가정폭력 및 특수협박죄 과도를 휴대하여 이혼한 전 처에게 찾아와 죽
이겠다고 협박 처벌을 요구하는 고소장 최신서식

# 고 소 장

고 소 인 : ○ ○ ○

피 고 소 인 : ○ ○ ○

## 인천시 부평경찰서장 귀중

# 고 소 장

## 1.고소인

| 성명 | ○ ○ ○ | | 주민등록번호 | 생략 |
|---|---|---|---|---|
| 주소 | 인천시 부평구 ○○로 ○길 ○○, ○○○호 | | | |
| 직업 | 생략 | 사무실<br>주 소 | 생략 | |
| 전화 | (휴대폰) 010 - 2378 - 0000 | | | |
| 대리인에 의한<br>고소 | □ 법정대리인 (성명 :      ,      연락처           )<br>□ 소송대리인 (성명 : 변호사,    연락처           ) | | | |

## 2.피고소인

| 성명 | ○ ○ ○ | | 주민등록번호 | 생략 |
|---|---|---|---|---|
| 주소 | 인천시 부평구 ○○로 ○길 ○○, ○○○호 | | | |
| 직업 | 무직 | 사무실<br>주 소 | 생략 | |
| 전화 | (휴대폰) 010 - 1789 - 0000 | | | |
| 기타사항 | 고소인과의 관계 - 가해자 겸 남편입니다. | | | |

## 3.고소취지

　　고소인은 피고소인에 관하여 다음과 같이 가정폭력범죄의 처벌 등에 관한 특례법
상의 가정폭력 및 형법 제284조 특수협박죄로 고소하오니 피고소인을 철저히 수사
하여 법의 준엄함을 절실히 깨달을 수 있도록 엄벌에 처해 주시기 바랍니다.

## 4.범죄사실

(1) 적용법조

○ 가정폭력범죄의 처벌 등에 관한 특례법 제63조(보호처분 등의 불이행죄)
　　제1항 다음 각 호의 어느 하나에 해당하는 가정폭력행위자는 2년 이하의 징
　　역 또는 2,000만 원 이하의 벌금 또는 구류에 처한다.

　　1. 제40조 제1항 제1호부터 제3호까지의 어느 하나에 해당하는 보호처분
　　　이 확정된 후에 이를 이행하지 아니한 가정폭력행위자.

　　2. 제55조의2에 따른 피해자보호명령 또는 제55조의4에 따른 임시보호명령
　　　을 받고 이를 이행하지 아니한 가정폭력행위자.

　　제2항 정당한 사유 없이 제29조 제1항 제1호부터 제3호까지의 어느 하나에
　　해당하는 임시조치를 이행하지 아니한 가정폭력행위자는 1년 이하의 징역 또
　　는 1,000만 원 이하의 벌금 또는 구류에 처한다.

　　제3항 상습적으로 제1항 및 제2항의 죄를 범한 가정폭력행위자는 3년 이하의
　　징역이나 3,000만 원 이하의 벌금에 처한다.

　　제4항 제3조의2 제1항에 따라 이수명령을 부과 받은 사람이 보호관찰소의 장
　　또는 교정시설의 장의 이수명령 이행에 관한 지시에 불응하여「보호관찰 등에
　　관한 법률」또는「형의 집행 및 수용자의 처우에 관한 법률」에 따른 경고를 받
　　은 후 재차 정당한 사유 없이 이수명령 이행에 관한 지시에 불응한 경우 다음
　　각 호에 따른다.

　　1. 벌금형과 병과된 경우에는 500만 원 이하의 벌금에 처한다.

2. 징역형의 실형과 병과 된 경우에는 1년 이하의 징역 또는 1,000만 원 이하의 벌금에 처한다.

○ 형법 제284조(특수협박)

단체 또는 다중의 위력을 보이거나 위험한 물건을 휴대하여 전조 제1항, 제2항 의 죄를 범한 때에는 7년 이하의 징역 또는 1,000만 원 이하의 벌금에 처한다.

(2) 당사자의 관계

○ 고소인과 피고소인은 ○○○○. ○○. ○○.에 결혼식을 올리고 동거를 시작하여 ○○○○. ○○. ○○. 혼인신고를 마친 법률상 부부로서, 슬하에는 아들 ○○○(당 ○○세) 아들 ○○○(당 ○○세)를 두고 있었는데 ○○○○. ○○. ○○. 이혼한 사이입니다.

(3) 피고소인에 대한 임시조치

○ 고소인과 피고소인은 ○○○○. ○○. ○○.이혼한 사이입니다. 피고소인은 고소인에게 ○○○○. ○○. ○○. 찾아와 과도로 위협하여 ○○○○. ○○. ○○. 법원으로부터 100미터 이내 점근금지, 전기통신 이용 접근금지 결정을 받은 피고소인이 ○○○○. ○○. ○○. 18:20경 인천시 부평구 ○○로길 ○○,에 있는 자신의 집에서 다시 고소인에게 3분간 5초간 전화를 하고 그 다음날 16:40경 5초간 전화를 하여 법원의 임시조치명령을 위반하여 인천지방법원에서 피고소인을 가정폭력범죄의 처벌 등에 관한 특례법위반 혐의로 벌금 100만원을 선고하였습니다.

(4) 임시조치위반 및 특수협박

○ 피고소인은 고소인이 이혼을 청구하면서 임시조치명령을 받은 것에 대하여 앙심을 품고 ○○○○. ○○. ○○. 14:10경 과도를 들고 고소인에게 찾아와 그냥 뇌두지 않겠다. 너 죽고 나죽자. 라고 협박을 가하여 고소인은 그 충격으로 피고소인을 피해 도망을 가다가 넘어져 다리가 부러지는 등 그 자리에서 쓰러져 병원으로 이송되어 전치 5주간의 치료를 요하는 골절상의 피해를 입었습니다.

(5) 강력한 처벌요구

○ 이혼한 전 부인을 과도를 휴대한 채 찾아온 것도 가정폭력범죄의 처벌 등에
   관한 특례법위반으로 적절하지 않은 일인데 과도로 휴대하여 고소인을 찾아와
   죽여 버리겠다고 위협을 한 것이므로 다시는 이러한 일이 일어나지 않도록 피
   고소인을 철저히 수사하여 엄히 처벌하여 주시기 바랍니다.

## 5.증거자료

□ 고소인은 고소인의 진술 외에 제출할 증거가 없습니다.

■ 고소인은 고소인의 진술 외에 제출할 증거가 있습니다.

☞ 제출할 증거의 세부내역은 별지를 작성하여 첨부합니다.

## 6.관련사건의 수사 및 재판여부

| ① 중복 고소여부 | 본 고소장과 같은 내용의 고소장을 다른 검찰청 또는 경찰서에 제출하거나 제출하였던 사실이 있습니다 □ / 없습니다 ■ |
|---|---|
| ② 관련 형사사건 수사유무 | 본 고소장에 기재된 범죄사실과 관련된 사건 또는 공범에 대하여 검찰청이나 경찰서에서 수사 중에 있습니다 □ / 수사 중에 있지 않습니다 ■ |
| ③ 관련 민사소송 유무 | 본 고소장에 기재된 범죄사실과 관련된 사건에 대하여 법원에서 민사소송 중에 있습니다 □ / 민사소송 중에 있지 않습니다 ■ |

## 7.기타

본 고소장에 기재한 내용은 고소인이 알고 있는 지식과 경험을 바탕으로 모두 사실대로 작성하였으며, 만일 허위사실을 고소하였을 때에는 형법 제156조 무고죄로 처벌받을 것임을 아울러 서약합니다.

○○○○ 년 ○○ 월 ○○ 일

위 고소인 : ○  ○  ○    (인)

# 인천시 부평경찰서장 귀중

별지 : 증거자료 세부 목록
(범죄사실 입증을 위해 제출하려는 증거에 대하여 아래 각 증거별로 해당 난을
구체적으로 작성해 주시기 바랍니다)

## 1. 인적증거

| 성 명 | ○ ○ ○ | | 주민등록번호 | 생략 | | |
|---|---|---|---|---|---|---|
| 주 소 | 인천시 ○○구 ○○로 ○길 ○○, ○○○호 | | | | 직업 | 학생 |
| 전 화 | (휴대폰) 010 - 3909 - 0000 | | | | | |
| 입증하려는 내 용 | 위 ○○○은 고소인의 아들로서 피고소인이 과도를 휴대하고 고소인을 찾아와 죽이겠다고 협박한 장면을 직접 목격하여 피고소인의 고소인에 대한 폭행 및 협박한 사실을 입증하고자 합니다. | | | | | |

## 2. 증거서류

| 순번 | 증 거 | 작성자 | 제출 유무 |
|---|---|---|---|
| 1 | 상해진단서 | 고소인 | ■ 접수시 제출　　□ 수사 중 제출 |
| 2 | 각 사진 | 고소인 | ■ 접수시 제출　　□ 수사 중 제출 |
| 3 | | | □ 접수시 제출　　□ 수사 중 제출 |
| 4 | | | □ 접수시 제출　　□ 수사 중 제출 |
| 5 | | | □ 접수시 제출　　□ 수사 중 제출 |

## 3. 증거물

| 순번 | 증 거 | 소유자 | 제출 유무 |
|---|---|---|---|
| 1 | 진단서 | 고소인 | ■ 접수시 제출　□ 수사 중 제출 |
| 2 | | | □ 접수시 제출　□ 수사 중 제출 |
| 3 | | | □ 접수시 제출　□ 수사 중 제출 |
| 4 | | | □ 접수시 제출　□ 수사 중 제출 |
| 5 | | | □ 접수시 제출　□ 수사 중 제출 |

## 4. 기타증거

추후 필요에 따라 제출하겠습니다.

(4) 고소장 - 가정폭력범죄의 처벌 등에 관한 특례법위반 아린아이들이 보는 자리에
서 폭행 가정폭력행위 강력한 처벌을 요구하는 고소장 최신서식

# 고 소 장

고 소 인 : ○ ○ ○

피 고 소 인 : ○ ○ ○

전라북도 정읍경찰서장 귀중

# 고 소 장

## 1.고소인

| 성명 | ○ ○ ○ | | 주민등록번호 | 생략 |
|---|---|---|---|---|
| 주소 | 전라북도 정읍시 ○○로 ○길 ○○, ○○○호 | | | |
| 직업 | 생략 | 사무실<br>주 소 | 생략 | |
| 전화 | (휴대폰) 010 - 2781 - 0000 | | | |
| 대리인에 의한<br>고소 | □ 법정대리인 (성명 :    ,       연락처         )<br>□ 소송대리인 (성명 : 변호사,    연락처         ) | | | |

## 2.피고소인

| 성명 | ○ ○ ○ | | 주민등록번호 | 생략 |
|---|---|---|---|---|
| 주소 | 전읍시 ○○○로 ○번길 ○○, ○○○-○○○호 | | | |
| 직업 | 무직 | 사무실<br>주 소 | 생략 | |
| 전화 | (휴대폰) 010 - 1267 - 0000 | | | |
| 기타사항 | 고소인과의 관계 - 친·인척관계 없습니다. | | | |

## 3.고소취지

고소인은 피고소인을 가정폭력범죄의 처벌 등에 관한 특례법상의 가정폭력으로 고소하오니 피고소인을 철저히 수사하여 법의 준엄함을 절실히 깨달을 수 있도록 위법사실을 수사하여 해당 사건을 가정보호사건으로 처리하여 관할 가정법원에 송치함으로써 가정폭력범죄의 처벌 등에 관한 특례법애 따라 엄중히 처벌하여 주시기 바랍니다.

## 4.범죄사실

(1) 적용법조

○ 가정폭력범죄의 처벌 등에 관한 특례법 제63조(보호처분 등의 불이행죄)
제1항 다음 각 호의 어느 하나에 해당하는 가정폭력행위자는 2년 이하의 징역 또는 2,000만 원 이하의 벌금 또는 구류에 처한다.

1. 제40조 제1항 제1호부터 제3호까지의 어느 하나에 해당하는 보호처분이 확정된 후에 이를 이행하지 아니한 가정폭력행위자.

2. 제55조의2에 따른 피해자보호명령 또는 제55조의4에 따른 임시보호명령을 받고 이를 이행하지 아니한 가정폭력행위자.

제2항 정당한 사유 없이 제29조 제1항 제1호부터 제3호까지의 어느 하나에 해당하는 임시조치를 이행하지 아니한 가정폭력행위자는 1년 이하의 징역 또는 1,000만 원 이하의 벌금 또는 구류에 처한다.

제3항 상습적으로 제1항 및 제2항의 죄를 범한 가정폭력행위자는 3년 이하의 징역이나 3,000만 원 이하의 벌금에 처한다.

제4항 제3조의2 제1항에 따라 이수명령을 부과 받은 사람이 보호관찰소의 장 또는 교정시설의 장의 이수명령 이행에 관한 지시에 불응하여「보호관찰 등에 관한 법률」또는「형의 집행 및 수용자의 처우에 관한 법률」에 따른 경고를 받은 후 재차 정당한 사유 없이 이수명령 이행에 관한 지시에 불응한 경우 다음 각 호에 따른다.

1. 벌금형과 병과된 경우에는 500만 원 이하의 벌금에 처한다.

2. 징역형의 실형과 병과 된 경우에는 1년 이하의 징역 또는 1,000만 원 이하의 벌금에 처한다.

(2) 당사자의 관계

○ 고소인과 피고소인은 ○○○○. ○○.에 결혼식을 올리고 동거를 하기 시작하여 ○○○○. ○○. ○○.혼인신고를 마친 법률상 부부로서 슬하에 아들 ○○○(14세), 딸 ○○○(11세)를 두고 있습니다.

(3) 피고소인의 계속되는 가정폭력

○ 피고소인은 결혼 후 얼마 되지 않아서 아무런 이유 없이 폭력적으로 변하기 시작하더니 아들과 딸아이가 있는 자리에서 고소인에게 입에 담을 수 없는 심한 욕설을 하는가 하면 주먹으로 얼굴을 때라고 발로 걷어차 방바닥에 넘어뜨리는 폭력을 일삼았습니다.

가. ○○○○. ○○.경 피고소인의 가정폭력

(1) 피고소인은 ○○○○. ○○.경 고소인이 아들을 출산하고 얼마 지나지 않았을 무렵 고소인과 피고소인은 부부싸움을 한 사실이 있었습니다. 피고소인은 부부싸움을 하는 과정에서 자신의 화를 참지 못하고 온갖 헛소리로 고함을 고래고래 질러대고 방문을 발로 걷어차고 현관문까지 주먹으로 쾅쾅 발로 차고 부수는 것이었습니다. 고소인으로서는 피고소인의 이러한 행동이 무서워 어린 아들을 데리고 친정집으로 택시를 타고 피신할 수밖에 없었습니다.

(2) 피고소인의 난동은 어린 아이가 있는 자리에서 주로 이루어졌는데 고소인으로서는 어린 아이가 놀라지는 않을까 하는 조마조마한 마음으로 걱정을 많이 하였습니다.

나. ○○○○. ○○. ○○. 피고소인의 가정폭력

  ○ ○○○○. ○○. ○○. 19:30경 부부싸움이 있었는데 부부싸움을 한 후 감정이 나빠진 피고소인은 감정을 이기지 못하고 갑자기 고함을 질러대고 마치 미친 사람처럼 날뛰고 고소인에게 참아 입에 담을 수 없는 욕설을 퍼붓고 고소인이 대꾸를 하지 않자 고소인의 얼굴을 주먹으로 가격하고 폭력을 피해 일어나 밖으로 나가려는 고소인을 발로 걷어차 방바닥에 넘어뜨렸습니다.

다. ○○○○. ○○.경 피고소인의 폭행

  ○ ○○○○. ○○.경 피고소인이 먼저 이혼문제를 들고 나와 대화하는 과정에서 고소인이 위자료를 달라 어린 아이들을 데리고 살다고 하자 피고소인이 돈을 줄 수 없다며 느닷없이 주먹으로 얼굴을 때리고 머리로 고소인의 얼굴을 박아 코뼈가 부르지는 등 고소인으로 하여금 코에서 피를 흘리게 하였습니다.

라. ○○○○. ○○. ○○. 피고소인의 가정폭력

  ○ 피고소인이 술을 마시고 들어와서 어린 아이들이 보고 있는 자리에서 고함을 질러대고 고소인에게 심한 욕설을 퍼붓고 안경집을 고소인의 얼굴을 향해 집어던지는 바람에 고소인의 얼굴에 피를 흘리는 심한 상처를 입혔습니다.

  ○ 피고소인은 그래도 감정을 억제하지 않고 얼굴에 피를 흘리고 있는 고소인을 향해 옆에 있던 물건을 집어던져 살림살이를 모두 부숴버린 상태에 있습니다.

(4) 결어

○ 피고소인은 분노조절장애를 가지고 있는 사람 같습니다.

○ 화가 나면 화를 참지 못하고 아이가 있건 없건 고함을 지르고 물건을 마구 부수며 심지어는 폭행까지 서슴지 않았습니다.

○ 그리고 피고소인은 가정폭력이 가족구성원에게 얼마나 정서상 감정상 그리고 육체상 큰 피해를 주는지 알지 못하고 있으며 더구나 자녀에게 얼마나 큰 상처를 주는지 미처 알지 못하고 있는 듯합니다.

○ 따라서 피고소인의 가정폭력이 가정폭력범죄의 처벌 등에 관한 특례법에 따라 처벌함으로써 피고소인에게 수강명령, 사회봉사명령 등의 보호처분을 함이 반드시 필요하다고 할 것입니다.

○ 한편 수사를 담당하는 사법경찰관은 사건을 보다 엄정히 수사하여 가정폭력범죄의 처벌 등에 관한 특례법 제7조에 따라 해당 사건을 가정보호사건으로 처리하는 것이 적절하다는 의견을 제시하여 검찰에 기소의견으로 송치하여 주실 것을 간청하옵니다.

(5) 존경하는 검사님

○ 위와 같은 피고소인의 가정폭력은 반드시 고쳐져야 할 행동입니다.

○ 따라서 본 사건을 가정폭력범죄의 처벌 등에 관한 특례법 제9조 제1항 및 같은 법 제11조 제1항에 따라 본 사건을 관할 가정법원에 송치하여 주시어 가정보호사건으로 처리될 수 있도록 처리하여 주시기 바랍니다. 그럼으로써 피고소인이 수강과 사회봉사의 과정을 통해 다시 태어나는 계기가 될 수 있도록 하여 주실 것을 아울러 호소합니다.


## 5.증거자료

☐ 고소인은 고소인의 진술 외에 제출할 증거가 없습니다.

■ 고소인은 고소인의 진술 외에 제출할 증거가 있습니다.

☞ 제출할 증거의 세부내역은 별지를 작성하여 첨부합니다.

## 6.관련사건의 수사 및 재판여부

| ① 중복 고소여부 | 본 고소장과 같은 내용의 고소장을 다른 검찰청 또는 경찰서에 제출하거나 제출하였던 사실이 있습니다 □ / 없습니다 ■ |
|---|---|
| ② 관련 형사사건 수사유무 | 본 고소장에 기재된 범죄사실과 관련된 사건 또는 공범에 대하여 검찰청이나 경찰서에서 수사 중에 있습니다 □ / 수사 중에 있지 않습니다 ■ |
| ③ 관련 민사소송 유무 | 본 고소장에 기재된 범죄사실과 관련된 사건에 대하여 법원에서 민사소송 중에 있습니다 □ / 민사소송 중에 있지 않습니다 ■ |

## 7.기타

   본 고소장에 기재한 내용은 고소인이 알고 있는 지식과 경험을 바탕으로 모두 사실대로 작성하였으며, 만일 허위사실을 고소하였을 때에는 형법 제156조 무고죄로 처벌받을 것임을 아울러 서약합니다.


○○○○ 년 ○○ 월 ○○ 일


위 고소인 : ○  ○  ○    (인)


# 전라북도 정읍경찰서장 귀중

별지 : 증거자료 세부 목록
　　　(범죄사실 입증을 위해 제출하려는 증거에 대하여 아래 각 증거별로 해당 난을
　　　구체적으로 작성해 주시기 바랍니다)

## 1. 인적증거

| 성 명 | ○ ○ ○ | 주민등록번호 | 생략 | | |
|---|---|---|---|---|---|
| 주 소 | 정읍시 ○○로 ○길 ○○, ○○○호 | | | 직업 | 학생 |
| 전 화 | (휴대폰) 010 - 2390 - 0000 | | | | |
| 입증하려는 내 용 | 위 ○○○은 고소인의 어린 딸아이로서 피고소인이 고소인을 폭행하는 장면을 옆에서 직접 목격하여 피고소인의 폭행사실을 입증하고자 합니다. | | | | |

## 2. 증거서류

| 순번 | 증 거 | 작성자 | 제출 유무 |
|---|---|---|---|
| 1 | 혼인관계증명서 | 고소인 | ■ 접수시 제출　□ 수사 중 제출 |
| 2 | 가족관계증명서 | 고소인 | ■ 접수시 제출　□ 수사 중 제출 |
| 3 | 주민등록등본 | 고소인 | ■ 접수시 제출　□ 수사 중 제출 |
| 4 | 상해진단서 | 고소인 | ■ 접수시 제출　□ 수사 중 제출 |
| 5 | 각 사진 | 고소인 | ■ 접수시 제출　□ 수사 중 제출 |

## 3. 증거물

| 순번 | 증 거 | 소유자 | 제출 유무 |
|---|---|---|---|
| 1 | 진단서 | 고소인 | ■ 접수시 제출　□ 수사 중 제출 |
| 2 | | | □ 접수시 제출　□ 수사 중 제출 |
| 3 | | | □ 접수시 제출　□ 수사 중 제출 |
| 4 | | | □ 접수시 제출　□ 수사 중 제출 |
| 5 | | | □ 접수시 제출　□ 수사 중 제출 |

## 4. 기타증거

추후 필요에 따라 제출하겠습니다.

(5) 피해자 보호명령 청구서 - 가정폭력 행위자에 대한 피해자의 100미터 접근금지 및 전화통화 송신금지 등의 임시조치명령을 구하는 청구서 최신서식

# 피 해 자  보 호 명 령  청 구 서


피 해 자 : ○  ○  ○

법정대리인 : ○  ○  ○

행 위 자 : ○  ○  ○


○○○○ 년 ○○ 월 ○○ 일


위 피해자 : ○  ○  ○  (인)


## ○○가정법원 귀중

# 피 해 자  보 호 명 령  청 구 서

## 1.피해자

| 성명 | ○ ○ ○ | | 주민등록번호 | 생략 |
|---|---|---|---|---|
| 주소 | 경기도 여주시 ○○로 ○○길 ○○, ○○○호 | | | |
| 직업 | 상업 | 사무실<br>주  소 | 생략 | |
| 전화 | (휴대폰) 010 - 1255 - 0000 | | | |
| 기타사항 | 이 사건 피해자입니다. | | | |

## 법정대리인

| 성명 | ○ ○ ○ | | 주민등록번호 | 생략 |
|---|---|---|---|---|
| 주소 | 경기도 여주시 ○○로 ○길 ○○, ○○○호 | | | |
| 직업 | 상업 | 사무실<br>주  소 | 생략 | |
| 전화 | (휴대폰) 010 - 9876 - 0000 | | | |
| 기타사항 | 이 사건 법정대리인 겸 보조인입니다. | | | |

## 2. 행위자

| 성명 | ○ ○ ○ | | 주민등록번호 | 생략 |
|---|---|---|---|---|
| 주소 | 경기도 여주시 ○○로 ○길 ○○, ○○○호 | | | |
| 직업 | 상업 | 사무실<br>주　소 | 생략 | |
| 전화 | (휴대폰) 010 - 7823 - 0000 | | | |
| 기타사항 | 이 사건 행위자입니다. | | | |

## 3. 피해자 보호명령 청구서

# 청구취지

1. 행위자는 피해자의 의사에 반하여 피해자의 주거 및 직장에 100미터 이내로 접근하여서는 아니 된다.

2. 행위자는 피해자의 의사에 반하여 유선·무선·광선 또는 그 밖의 전자적 방식으로 부호·문언·음향 또는 영상을 송신하여서는 아니 된다.

3. 이 사건 피해자 보호명령 결정시까지 위 제1, 2항 기재의 방법으로 피해자에 대한 임시보호를 명한다.

**라는 결정을 구합니다.**

# 청구이유

## 1. 당사자의 관계

피해자와 행위자는 ○○○○. ○○. ○○.부터 동거를 시작하여 ○○○○. ○○. ○○. 혼인신고를 마친 법률상 부부이고, 슬하에는 성년의 자녀인 ○○○(○○○○. ○○. ○○.생), ○○○(○○○○. ○○. ○○.생)을 두고 있습니다.

## 2. 행위자의 폭력 성향 및 이혼청구

(1) 행위자는 결혼 ○○년 동안 습관적으로 피해자에 대하여 가정폭력을 행사하였는 바, 이와 관련하여 대표적인 몇 가지 경우만 진술하도록 하겠습니다.

(2) 상습적인 가정폭력

  가. 행위자는 ○○○○. ○○. ○○.경 경기도 여주시에 있는 집에서 피해자가 자신의 말에 말대꾸를 한다는 이유로 집안에서 주먹으로 피해자의 얼굴 부위와 복부를 폭행하였으며, 피해자는 행위자의 폭력으로부터 벗어나고자 집 밖으로 도망을 쳤지만 얼마가지 못해서 붙잡혀 그곳에서 행위자가 주먹으로 피해자의 얼굴을 때리는 과정에서 피해자가 땅바닥에 넘어지면서 머리를 부딪쳐 머리에서 피가 나고 얼굴까지 멍이 들자 행위자는 택시를 불러 피해자를 병원까지 데려가 병원 앞에 내려주면서 자신의 폭행으로 그렇게 된 것이 아니라 길을 가다가 실수로 넘어져서 그런 것이라고 거짓말을 하라고 시켰습니다.

  나. 행위자는 ○○○○. ○○. ○○.에도 툭하면 피해자에게 주먹으로 발로 때렸습니다. 행위자가 술을 먹고 들어와서 밤을 차려주지 않는다는 이유로 주먹으로 얼굴을 가격하고 넘어지자 발로 계속해서 찼습니다. 밖으로 피해자를 데리고 나가 차안에서 주먹으로 피해자의 얼굴을 폭행하였으며, 차에서 내려서도 폭력이 계속 이어지자 아파트 경비를 서던 관리사무소 직원이 이를 보고 행위자를 말리기도 하였습니다.

다. ○○○○. ○○. ○○.경 행위자는 피해자에게 말을 하지 않고 동료에게 돈을
   빌려 사적으로 사용하여 빚을 지게 되었으며, 거기에 그치지 않고 신용카드
   도 사용하여 빚을 많이 지게 되었는바, 그 후 행위자는 돈을 갚을 방법이
   없게 되자 그길로 집을 나간 뒤 연락두절이 된 일이 있었습니다.
   피해자는 그 후 집에 빚 독촉이 들어오고 생활집기에 강제집행이 들어온 이
   후에야 행위자가 피해자 몰래 빚을 지고 있다는 사실을 알게 되었습니다.

라. 그 뒤 ○○○○. ○○. ○○. 고소인이 일을 하고 늦게 집으로 들어왔다는 이
   유로 주먹과 발 그리고 나무막대기 등으로 피해자의 얼굴, 허리, 배 등을 폭
   행하였으며, 몇 시간 동안의 폭행으로 인하여 피해자가 숨을 쉬지 못하자
   그때서야 구급차를 불러 피해자를 응급실로 데려갔습니다.
   응급실에서 의사들이 피해자의 상태를 보고 무엇 때문에 피해자가 이 상태
   가 되었는지 묻자 가벼운 다툼으로 쳤는데 그렇게 되었다고 이야기 하였으
   며, 피해자의 상태가 조금 호전되자 피해자를 집으로 데려다 놓은 뒤 또다
   시 집을 나가 연락이 두절된 사실이 있습니다.

마. ○○○○. ○○. ○○.경 몇 년 동안 집을 나가 연락이 두절되었던 행위자가
   다시 집에 들어왔지만, 경제적 활동을 하지 않고 피해자에게 계속 돈을 요
   구하였고, 피해자가 생활비 부족으로 행위자가 달라는 돈을 주지 않으면 행
   위자는 자신이 요구한 돈을 줄 때까지 피해자에게"니깟년이 버는 돈 금방
   번다, 돈 번다고 유세 떠나 뭐한 년"하는 등의 폭언을 하였습니다.

바. ○○○○. ○○. ○○.경 행위자가 자신의 담배 값과 시어머니에게 줄 용돈을
   달라고 피해자에게 요구하였고, 피해자는 생활비 부족으로 행위자에게 줄
   돈이 없다고 이야기하는 과정에서 행위자는 피해자가 자신의 말을 듣지 않
   는다는 이유로 주먹으로 얼굴을 폭행했습니다.

## (3) 소결

위와 같은 사유로, 피해자는 행위자를 상대로 재판상 이혼 소송을 제기하였고, 행위자에 대한 이혼 소송이 제기된 것을 알게 될 경우 추가적인 폭력이나 협박이 있을 것이 두려워 현재 피해자는 딸과 함께 집을 나와 모처에서 숨어 지내고 있습니다.

이상에서 본 바와 같이, 과거 행위자의 피해자에 대한 극심한 폭언과 폭행 사례 등을 보면, 법의 테두리에서 피해자를 보호하지 않을 경우 향후 심각한 문제가 야기될 소지가 너무나 다분한 상황입니다.

## 3. 피해자보호명령 및 임시보호명령의 필요성에 대하여

○ 이러한 행위자의 피해자에 대한 위와 같은 행위는 가정폭력범죄의 처벌 등에 관한 특례법 제2조 제3호 소정의 가정폭력범죄임이 명백한 바, 같은 법 제55조의 2 제1항에 따라 청구취지와 같은 피해자보호명령을 발령하여 주시길 희망하여 이 건 청구에 이른 것입니다.

○ 나아가, 현재 피해자는 행위자로부터 추가적인 폭언과 폭행을 당할 우려로 인하여 심각한 두려움에 떨고 있는 긴급한 상황에 처해 있으므로, 같은 법 제55조의 4에 의하여 이 사건 보호명령 결정시까지 임시보호명령을 우선 발령하여 주시길 희망합니다.

# 소 명 자 료  및  첨 부 서 류

1. 소갑제1호증                    혼인관계증명서

1. 소갑제2호증                    가족관계증명서

1. 소갑제3호증        기본증명서(사건본인 미성년자의 경우)

1. 소갑제4호증              가정폭력 상담시실 확인서

1. 소갑제5호증                        진료기록부

1. 소갑제6호증                        사실확인서

1. 소갑제7호증                    주민등록표 등본

○○○○ 년 ○○ 월 ○○ 일

위 피해자 : ○  ○  ○    (인)

## ○○가정법원 귀중

⑹ 접근금지가처분신청서 - 가정폭력범죄의 행위자에 대한 피해자 및 아들 딸아이에게 접근금지, 메시지 전송, 통화를 금지하는 가처분 신청서

# 접 근 금 지 가 처 분 신 청 서

신 청 인 : ○  ○  ○

피 신 청 인 : ○  ○  ○

| 소송물 가액금 | 금 | 원 |
|---|---|---|
| 첨부할 인지액 | 금 | 10,000 원 |
| 첨부한 인지액 | 금 | 10,000 원 |
| 납부한 송달료 | 금 | 31,200 원 |
| 비고 | | |

## ○○지방법원 ○○지원 귀중

# 접 근 금 지 가 처 분 신 청 서

## 1.신청인

| 성명 | ○ ○ ○ | | 주민등록번호 | 생략 |
|---|---|---|---|---|
| 주소 | 대구시 ○○구 ○○로 ○○길 ○○, ○○○호 | | | |
| 직업 | 상업 | 사무실<br>주 소 | 생략 | |
| 전화 | (휴대폰) 010 - 1789 - 0000 | | | |
| 기타사항 | 이 사건 신청인입니다. | | | |

## 2.피신청인

| 성명 | ○ ○ ○ | | 주민등록번호 | 생략 |
|---|---|---|---|---|
| 주소 | 대구시 ○○구 ○○로 ○길 ○○, ○○○호 | | | |
| 직업 | 상업 | 사무실<br>주 소 | 생략 | |
| 전화 | (휴대폰) 010 - 9123 - 0000 | | | |
| 기타사항 | 이 사건 피신청인입니다. | | | |

## 3. 피보전권리

인격권에 기하여 평온한 사생활을 추구할 권리

# 신청취지

1. 피신청인은 신청인과 신청인의 아들딸들인 신청와 ○○○, ○○○의 의사에 반하여 신청인 및 위 ○○○, ○○○에게 접근하여서는 아니 된다.
2. 피신청인은 신청인 및 위 ○○○, ○○○에 대하여 면담을 강요하거나, 별지목록 기재와 같은 내용으로 전화를 걸거나, 팩스를 보내는 등의 방법으로 그 평온한 생활 및 업무를 방해하여서는 아니 된다.
3. 위 명령을 위반할 경우에 피신청인은 위반행위 1회당 금 200,000원씩을 신청인에게 지급하라.

## 라는 재판을 구합니다.

# 신청이유

## 1. 당사자의 관계

신청인과 피신청인은 ○○○○. ○○. ○○.결혼하였으며, 신청 외 ○○○, ○○○은 신청인과 피신청인 사이에 출생한 아들딸입니다.

## 2. 이혼소송 등

그런데 신청인은 피신청인을 상대로 ○○○○. ○○. ○○.경 이혼조정을 신청한 이래 조정이 소송으로 이행되어 현재 대구지방법원 서부지원 ○○○○드단○○○○호 이혼 등 청구사건이 계속되어 있는 상태입니다.

## 3. 피신청인의 행패

피신청인은 위와 같이 소송이 계속되어 있는 상태에서 강제로 신청인 및 신청 외 ○○○의 직장과 신청 외 ○○○의 학교에 찾아와서 폭언을 하는 등의 행패를 부렸습니다.

이로 인하여 경찰서에서 조사를 받았던 적도 있습니다.그 뒤에도 피신청인은 반성하지 않고 강제로 면담을 신청하는 등의 행위를 하고 신청인이 이에 응하지 않는다는 이유로 신청인 및 신청 외 ○○○. ○○○에게 참아 입에 담을 수 없는 폭언(이를테면 너를 갈아 마시겠다)을 하며 그 직장과 학교에서 행패를 부려 신청인 및 신청 외 ○○○가 직장과 ○○○의학교를 마음놓고 다니지 못하게 하는 등 그 인격권에 기하여 평온한 사생활을 추구할 권리를 해하고 있는 상태입니다.

신청 외 ○○○은 다니던 직장에서 해고될 위험에 처해 있고, ○○○은 공무원시험 준비 중인데 정진하지 못하고 있는 상태입니다.

이에 신청인은 더 이상 참지 못하고 평온한 사생활을 누리기 위해 이 사건 가처분신청에 이른 것입니다.


## 4. 손해담보

한편, 이 사건 접근금지가처분명령의 손해담보에 대한 담보제공은 민사집행법 제19조 제3항, 민사소송법 제122조에 의하여 보증보험주식회사와 지급보증위탁계약을 맺은 문서를 제출하는 방법으로 담보제공을 할 수 있도록 아울러 허가하여 주시기 바랍니다.

# 소 명 자 료   및   첨 부 서 류

1. 소갑 제1호증                                          이혼조정신청사

2. 소갑 제2호증                                          증인신청서

3. 소갑 제3호증                                          진술서

4. 소갑 제4호증                                          사실확인서

5. 소갑 제5호증                                          문자메시지 내용


○○○○ 년 ○○ 월 ○○ 일


위 피해자 : ○  ○  ○   (인)


## ○○지방법원 ○○지원 귀중

[ 별 지 ]

# 목 록


1. 신청인에게 만나자는 내용.

2. 신청 외 ○○○, ○○○에게 신청인의 위치를 알려달라는 내용.

3. 그밖에 신청인 및 신청 외 ○○○, ○○○의 인격권 및 평온한 생활을 침해할 수
   있는 내용.



- 이 상 -

# 관련 판례

# 제5장 가정폭력범죄의 처벌 등에 관한 특례법 판례



## (1) 가정폭력범죄에 포함되는지 여부

**【판시사항】**

노인에 대한 폭행 또는 상해 금지규정 위반으로 인한 노인복지법 위반죄가 노인에 대한 형법상 폭행죄 및 상해죄를 가중처벌하기 위한 것인지 여부(적극) / 노인에 대한 폭행 또는 상해 금지규정 위반으로 인한 노인복지법 위반죄는 가정폭력범죄의 처벌 등에 관한 특례법 제2조 제3호 (가)목에서 정한 형법 제260조 제1항의 폭행죄 또는 형법 제257조 제1항의 상해죄가 '다른 법률에 따라 가중처벌되는 죄'로서 가정폭력범죄의 처벌 등에 관한 특례법 제2조 제3호 (파)목에 해당하여 가정보호사건의 대상이 되는 '가정폭력범죄'에 포함되는지 여부(적극)

**【결정요지】**

가정폭력범죄의 처벌 등에 관한 특례법(이하 '가정폭력처벌법'이라고 한다)은 가정폭력범죄를 범한 자에 대하여 환경의 조정과 성행의 교정을 위한 보호처분 제도를 마련하고 있는데, 가정보호사건은 '가정폭력범죄'로 인하여 보호처분의 대상이 되는 사건이다(제2조 제6호). 가정폭력처벌법은 '가정폭력범죄'를 가정구성원(배우자, 직계존비속, 동거 친족 등) 사이의 신체적, 정신적 또는 재산상 피해를 수반하는 행위인 가정폭력(제2조 제1호) 중 제2조 제3호에 규정된 범죄 유형에 해당하는 죄라고 규정한다. 가정폭력처벌법 제2조 제3호는 각 목의 어느 하나에 해당하는 죄를 '가정폭력범죄'로 규정하였는데, (가)목은 형법 제260조(폭행, 존속폭행) 제1항, 제2항의 죄 등을, (파)목은 '(가)목부터 (타)목까지의 죄로서 다른 법률에 따라 가중 처벌되는 죄'를 규정하고 있다.

2004. 1. 29. 법률 제7152호로 개정된 노인복지법은 노인학대의 예방과 학대받는 노인의 보호를 위하여 '노인의 신체에 폭행을 가하거나 상해를 입히는 행위'(제1호) 등 일정한 노인 학대 행위유형을 금지하는 규정(제39조의9) 및 이를 위반하는 경우 그 행위유형에 따라 처벌하는 벌칙 규정(제55조의2, 제55조의3 등)을 신설하였는데, 형법상 단순폭행죄(제260조 제1항) 및 단순상해죄(제257조 제1항)보다 중하게 처벌하도록 규정하였다. 한편 노인에 대한 금지행위의 객체가 되는 노인연령기준이 없어 이에 대한 처벌이 불명확했기 때문에 2016. 12. 2. 법률 제14320호로 개정된 노인복지법은 제39조의9에서 노인에 대한 금지행위의 객체가 되는 노인의 연령기준을 '65세 이상의 사람'으로 명시하였다.

위와 같이 노인에 대한 폭행 또는 상해 금지규정 위반으로 인한 노인복지법 위반죄는 행위객체가 노인에 한정되는 점 외에 형법상 폭행죄 및 상해죄와 행위태양이 동일하여 본질적인 차이가 없으므로 노인에 대한 형법상 폭행죄 및 상해죄를 가중처벌하기 위한 것으로 보아야 한다. 가정폭력처벌법상 '가정폭력범죄'는 가정구성원(배우자, 직계존비속, 동거 친족 등) 사이의 피해를 수반하는 행위(가정폭력)를 전제하고 있는데, 형법상 폭행죄 및 상해죄와 달리 노인에 대한 폭행 또는 상해 금지규정 위반으로 인한 노인복지법 위반죄를 위 '가정폭력범죄'에서 제외할 합리적 이유도 없다. 따라서 노인에 대한 폭행 또는 상해 금지규정 위반으로 인한 노인복지법 위반죄는 가정폭력처벌법 제2조 제3호 (가)목에서 정한 형법 제260조 제1항의 폭행죄 또는 형법 제257조 제1항의 상해죄가 '다른 법률에 따라 가중처벌 되는 죄'로서 가정폭력처벌법 제2조 제3호 (파)목에 해당하여 가정보호사건의 대상이 되는 '가정폭력범죄'에 포함된다.

1.

  1) 가정폭력처벌법은 가정폭력범죄를 범한 자에 대하여 환경의 조정과 성행의 교정을 위한 보호처분 제도를 마련하고 있는데, 가정보호사건은 '가정폭력범죄'로 인하여 보호처분의 대상이 되는 사건이다(제2조 제6호). 가정폭력처벌법은 '가정폭력범죄'를 가정구성원(배우자, 직계존비속, 동거 친족 등) 사이의 신체적, 정신적 또는 재산상 피해를 수반하는 행위인 가정폭력(제2조 제1호) 중 제2조 제3호에 규정된 범죄 유형에 해당하는 죄라고 규정한다. 가정폭력처벌법 제2조 제3호는 각 목의 어느 하나에 해당하는 죄를 '가정폭력범죄'로 규정하였는데, (가)목은 형법 제260조(폭행, 존속폭행) 제1항, 제2항의 죄 등을, (파)목은 '(가)목부터 (타)목까지의 죄로서 다른 법률에 따라 가중 처벌되는 죄'를 규정하고 있다.

  2) 2004. 1. 29. 법률 제7152호로 개정된 노인복지법은 노인학대의 예방과 학대받는 노인의 보호를 위하여 '노인의 신체에 폭행을 가하거나 상해를 입히는 행위'(제1호) 등 일정한 노인 학대 행위유형을 금지하는 규정(제39조의9) 및 이를 위반하는 경우 그 행위유형에 따라 처벌하는 벌칙 규정(제55조의2, 제55조의3 등)을 신설하였는데, 형법상 단순폭행죄(제260조 제1항) 및 단순상해죄(제257조 제1항)보다 중하게 처벌 하도록 규정하였다. 한편 노인에 대한 금지행위의 객체가 되는 노인연령기준이 없어 이에 대한 처벌이 불명확했기 때문에 2016. 12. 2. 법률 제14320호로 개정된 노인 복지법은 제39조의9에서 노인에 대한 금지행위의 객체가 되는 노인의 연령기준을 '65세 이상의 사람'으로 명시하였다.

  3) 위와 같이 노인에 대한 폭행 또는 상해 금지규정 위반으로 인한 노인복지법 위반죄 는 행위객체가 노인에 한정되는 점 외에 형법상 폭행죄 및 상해죄와 행위태양이 동 일하여 본질적인 차이가 없으므로 노인에 대한 형법상 폭행죄 및 상해죄를 가중처 벌하기 위한 것으로 보아야 한다. 가정폭력처벌법상 '가정폭력범죄'는 가정구성원(배 우자, 직계존비속, 동거 친족 등) 사이의 피해를 수반하는 행위(가정폭력)를 전제하 고 있는데, 형법상 폭행죄 및 상해죄와 달리 노인에 대한 폭행 또는 상해 금지규정 위반으로 인한 노인복지법 위반죄를 위 '가정폭력범죄'에서 제외할 합리적 이유도 없다. 따라서 노인에 대한 폭행 또는 상해 금지규정 위반으로 인한 노인복지법 위 반죄는 가정폭력처벌법 제2조 제3호 (가)목에서 정한 형법 제260조 제1항의 폭행죄 또는 형법 제257조 제1항의 상해죄가 '다른 법률에 따라 가중처벌되는 죄'로서 가정 폭력처벌법 제2조 제3호 (파)목에 해당하여 가정보호사건의 대상이 되는 '가정폭력 범죄'에 포함된다.

2. 나아가 가정보호사건으로 제1심법원에 송치되기 전 행위자에 대하여 임시조치결정이 내려진 사실은 앞서 본 바와 같고, 기록에 의하면 법원에 송치된 후 가정폭력처벌법 제21조에 따라 보호관찰소에서 행위자의 범죄 원인과 실태, 이후 정황 등을 조사한 결과가 담긴 조사서가 제1심법원에 제출되었다. 법원으로서는 이미 임시조치결정이 내려지고 결정전조사절차까지 진행된 이 사건에서 가정폭력처벌법 제40조 제1항 각호에 정해진 처분 중 가정폭력처벌법의 입법 목적인 '가정폭력범죄로 파괴된 가정의 평화와 안정을 회복하고 건강한 가정을 가꾸며 피해자와 가족구성원의 인권 보호'를 달성하기 위하여 적절한 보호처분에 관한 판단을 해야 할 것이다.

3. 원심이 노인복지법 위반죄가 가정보호사건의 대상이 될 수 있는 '가정폭력범죄'에 해당하지 않는다고 보아 보호처분을 하지 아니하고 검사에게 사건을 다시 송치한 제1심결정을 그대로 유지한 것에는 가정폭력처벌법 제2조 제3호, 제6호를 위반하여 재판에 영향을 미친 잘못이 있다.

【판시사항】

[1] 가정폭력범죄의 처벌 등에 관한 특례법에 도입된 피해자보호명령 제도의 취지 / 피해자 보호명령청구의 전제가 되는 가정폭력행위가 특정되지 아니하거나 행위자가 그러한 행위를 한 사실이 인정되지 않는 경우 또는 행위자의 행위가 같은 법 제2조 제3호 각 목에서 정한 죄를 구성하지 아니하는 경우, 행위자에 대하여 피해자보호명령을 발령할 수 있는지 여부(소극)

[2] 가정폭력범죄의 처벌 등에 관한 특례법에 피해자보호명령사건 심리기일의 지정 및 고지에 관한 규정을 둔취지 / 행위자에게 피해자보호명령사건의 요지를 미리 고지하거나 피해자보호명령 청구서 부본을 송달하고, 보조인을 선임할 수 있다는 취지를 미리 고지하지 않은 채 심리절차를 진행한 후 피해자보호명령을 발령한 경우, 재판에 영향을 미친 법령 위반에 해당하는지 여부(원칙적 적극)

【결정요지】

[1] 가정폭력범죄의 처벌 등에 관한 특례법(이하 '가정폭력처벌법' 이라고 한다)은 종래 가정폭력범죄(제2조 제3호)에 대해서 검사가 가정보호사건으로 처리하고 관할 법원에 송치하거나(제11조) 법원이 가정폭력행위자에 대한 피고사건을 심리한 결과 관할 법원에 송치한 사건(제12조)을 전제로 판사가 심리를 거쳐 하는 보호처분(제40조 제1항)만을 규정하고 있었다. 그러나 2011. 7. 25. 법률 제10921호로 도입된 피해자보호명령 제도는 피해자가 가정폭력행위자와 시간적·공간적으로 밀착되어 즉시 조치를 취하지 않으면 피해자에게 회복할 수 없는 피해를 입힐 가능성이 있을 때 수사기관과 소추기관을 거치지 않고 스스로 안전과 보호를 위하여 직접 법원에 보호를 요청할 수 있도록 하는 한편 그러한 명령을 위반한 경우에는 형사처벌을 함으로써 피해자 보호를 강화하려는 취지에서 도입되었다.

이처럼 가정폭력처벌법상 가정보호처분과 피해자보호명령은 절차와 결정의 내용 등에서 차이가 있으나, 가정폭력처벌법에서 피해자보호명령의 발령 요건으로 가정폭력행위자일 것을 정하고 있고(제55조의2 제1항), 피해자보호명령을 위반한 가정폭력행위자에 대하여 형사 처벌을 예정하고 있는 점을 감안하면(제63조 제1항 제2호), 피해자보호명령청구의 전제가 되는 가정폭력행위가 특정되지 아니하거나 행위자가 그러한 행위를 한 사실이 인정되지 않는 경우, 또는 행위자의 행위가 가정폭력처벌법 제2조 제3호 각 목에서 정한 죄를 구성하지 아니하는 경우에는 행위자에 대하여 피해자보호명령을 발령할 수 없다.

[2] 가정폭력범죄의 처벌 등에 관한 특례법(이하 '가정폭력처벌법' 이라고 한다)에 의하면 피해자보호명령사건을 담당한 판사는 심리기일을 지정하고 가정폭력행위자를 소환하여야 하며, 이 경우 판사는 피해자보호명령사건의 요지 및 보조인을 선임할 수 있다는 취지를 미리 고지하여야 한다(제55조의7, 제30조 제1항). 가정폭력처벌법에 위와 같은 규정을 둔 취지는, 피해자보호명령 제도의 성격(제1조), 피해자보호명령을 위반한 가정폭력행

위자에 대하여 형사처벌을 예정하고 있고, 피해자보호명령이 내려진 후 행위자가 불복하더라도 집행정지의 효력이 없는 점(제55조의8 제3항, 제53조), 가정폭력행위자로 인정되어 피해자보호명령을 받고 이를 이행하지 않은 이상 피해자보호명령의 전제가 된 가정폭력행위에 대하여 무죄판결을 선고받아 확정되더라도 가정폭력처벌법 제63조 제1항 제2호의 보호처분 등의 불이행죄 성립에 영향이 없는 점 등에 비추어 피해자보호명령의 심리절차에서 행위자의 방어권을 보장할 필요가 있기 때문이다.

이에 따라 가정보호심판규칙에서는, 행위자 등의 소환은 소환장의 송달에 의하고(제67조의13 제1항), 소환장에는 사건명, 피해자와 행위자의 성명 및 소환되는 사람의 성명, 피해자보호명령사건에 관하여 소환되는 뜻, 출석할 일시와 장소 등을 기재하고 판사가 기명날인하여야 하며(같은 조 제2항), 행위자에게 제1회 심리기일소환장을 송달할 때에는 피해자보호명령 청구서 부본을 함께 송달해야 하는 것으로 정하고 있다(같은 조 제3항 본문).

위와 같은 피해자보호명령사건 심리기일의 지정 및 고지에 관한 법규의 내용과 취지에 비추어 보면, 행위자에게 피해자보호명령사건의 요지를 미리 고지하거나 피해자보호명령 청구서 부본을 송달하고, 보조인을 선임할 수 있다는 취지를 미리 고지하지 않은 채 심리절차를 진행한 후 피해자보호명령을 발령하였다면, 심리 과정에서 행위자의 방어권이 본질적으로 침해되지 않았다고 볼 만한 특별한 사정이 없는 한 법원의 이러한 잘못은 재판에 영향을 미친 법령 위반에 해당한다.

1. 피해자보호명령의 발령 요건을 갖추지 못하였다는 주장에 관하여

   1) 원심의 판단

      원심은, 행위자가 2022. 8. 30. 00시경 배우자와 자녀인 피해자들에게 욕설을 하고 112에 허위의 신고를 한 점, 그 밖에 이 사건의 경위, 가정상황, 행위자와 피해자들의 관계 등 여러 사정들을 종합하여, 행위자에게 행위자와 피해자들이 함께 거주하는 주거지 안방에서 즉시 퇴거할 것과 2024. 5. 15.까지 주거지 안방에 들어가지 말 것을 명한 이 사건 피해자보호명령을 그대로 유지하였다.

   2) 이 법원의 판단

      그러나 원심의 판단은 아래와 같은 이유로 수긍할 수 없다.

      가. 「가정폭력범죄의 처벌 등에 관한 특례법」(이하 '가정폭력처벌법' 이라고 한다)은 종래 가정폭력범죄(제2조 제3호)에 대해서 검사가 가정보호사건으로 처리하고 관할 법원에 송치하거나(제11조) 법원이 가정폭력행위자에 대한 피고사건을 심리한 결과 관할 법원에 송치한 사건(제12조)을 전제로 판사가 심리를 거쳐 하는 보호처분(제40조 제1항)만을 규정하고 있었다. 그러나 2011. 7. 25. 법률 제10921호로 도입된 피해자보호명령 제도는 피해자가 가정폭력행위자와 시간적·공간적으로 밀착되어 즉시 조치를 취하지 않으면 피해자에게 회복할 수 없는 피해를 입힐 가능성이 있을 때 수사기관과 소추기관을 거치지 않고 스스로 안전과 보호를 위하여 직접 법원에 보호를 요청할 수 있도록 하는 한편 그러한 명령을 위반한 경우에는 형사처벌을 함으로써 피해자 보호를 강화하려는 취지에서 도입되었다(대법원 2023. 7. 13. 선고 2021도15745 판결 등 참조).

이처럼 가정폭력처벌법상 가정보호처분과 피해자보호명령은 절차와 결정의 내용 등에서 차이가 있으나, 가정폭력처벌법에서 피해자보호명령의 발령 요건으로 가정폭력행위자일 것을 정하고 있고(제55조의2 제1항), 피해자보호명령을 위반한 가정폭력행위자에 대하여 형사처벌을 예정하고 있는 점을 감안하면(제63조 제1항 제2호), 피해자보호명령청구의 전제가 되는 가정폭력행위가 특정되지 아니하거나 행위자가 그러한 행위를 한 사실이 인정되지 않는 경우, 또는 행위자의 행위가 가정폭력처벌법 제2조 제3호 각 목에서 정한 죄를 구성하지 아니하는 경우에는 행위자에 대하여 피해자보호명령을 발령할 수 없다.

나. 행위자의 배우자인 피해자 1이 제출한 이 사건 피해자보호명령 청구서에는, 행위자가 늦게 귀가하여 스마트폰 영상을 보는 등 시끄럽게 하여 발달장애아인 피해자 2의 수면을 방해하고, 평소 폭언, 집기파손, 협박, 허위신고를 일삼는다는 등의 이유로 행위자에 대하여 '안방 침실에서 퇴거' 및 '피해자 2에 대한 친권행사 제한'의 피해자보호명령을 내려 줄 것을 청구한다는 취지가 기재되어 있으나, 본건 청구의 전제가 된 구체적인 가정폭력범죄의 일시, 장소, 태양 등이 특정되어 있지 않다.

다. 제1심법원의 조사명령에 따라 조사관에 의한 가정폭력범죄의 동기·원인 및 실태 등의 조사가 실시되었다. 조사 과정에서 피해자 1은, 행위자의 신체폭력은 드물지만 언어폭력과 허위신고는 자주 있고, 청구취지 중 '방실로부터의 퇴거' 청구에 관하여는 행위자가 따로 생활할 경우 행위자가 휴대전화 비밀번호 패턴을 입력하는 것을 볼 수 없게 되므로 이 부분은 원하지 않지만, '친권행사 제한' 청구에 관하여는 현재 이혼사건이 항소심에 계속 중인데 이혼사건이 종결될 때까지 청구를 유지하기를 원한다고 진술하였다. 한편 행위자는 피해자 1이 오히려 행위자에게 폭언과 폭행을 일삼았고, 의부증이 심하다고 진술하였다. 조사관은 최근 특정사건이 없는 상황에서 이혼사건에 도움이 되는 절차로 사료된다는 의견을 밝혔고, 달리 조사보고서에 행위자의 가정폭력범죄의 내용에 관한 구체적인 기재가 없다. 제1심법원이 실시한 제1회 심리기일에 관한 심리조서나 제1심법원이 발령한 피해자보호명령의 이유에도 행위자의 가정폭력범죄가 특정되어 있지 않다.

라. 앞서 본 것과 같이 원심은 행위자가 2022. 8. 30. 00시경 배우자와 자녀인 피해자들에게 욕설을 하고 112에 허위의 신고를 한 점을 피해자보호명령의 발령 근거로 들었다. 그러나 행위자가 위 일시경 위와 같은 행위를 한 사실을 인정할 구체적 자료가 없다. 오히려 피해자 1이 제출한 112신고사건 처리내역서의 기재에 의하면, 2022. 8. 30. 경찰에 신고한 사람은 피해자 1이고, 행위자가 허위의 신고를 하려고 해서 피해자 1이 먼저 신고하였다는 것이며, 위 처리내역서의 사건개요나 종결내용에 행위자가 욕설을 하였다거나 가정폭력범죄를 저질렀다는 취지의 기재는 없다. 또한 행위자가 하였거나 하려고 한 신고의 내용이 무엇인지 알 수 있는 자료가 없어 그러한 신고가 허위인지 여부도 불분명하다.

마. 뿐만 아니라 경찰에 허위의 신고를 한 행위는 가정폭력처벌법 제2조 제3호 각 목에서 정한 가정폭력범죄 중 어느 하나에 해당한다고 보기 어렵고, 욕설을 하거나 큰 소리로 스마트폰 영상을 시청한 행위는 공연성, 욕설의 내용이나 스마트폰 영상 소음의 크기, 시청 시간, 수면 방해의 정도 등에 관한 추가 심리 없이 가정폭력범죄 중 폭행죄, 학대죄, 협박죄, 모욕죄 등의 구성요건을 충족한다고 단정하기 어렵다.

바. 그럼에도 불구하고 원심은 판시와 같은 이유만으로 행위자에 대한 피해자보호명령을 그대로 유지하였다. 원심의 이러한 조치에는 피해자보호명령의 발령 요건에 관한 법령을 위반하여 재판에 영향을 미친 잘못이 있다. 이 점을 지적하는 이 부분 재항고이유의 주장은 이유 있다.

1. 심리절차의 법령 위반 주장에 관하여

1) 가정폭력처벌법에 의하면 피해자보호명령사건을 담당한 판사는 심리기일을 지정하고 가정폭력행위자를 소환하여야 하며, 이 경우 판사는 피해자보호명령사건의 요지 및 보조인을 선임할 수 있다는 취지를 미리 고지하여야 한다(제55조의7, 제30조 제1항). 가정폭력처벌법에 위와 같은 규정을 둔 취지는, 피해자보호명령 제도의 성격(제1조), 피해자보호명령을 위반한 가정폭력행위자에 대하여 형사처벌을 예정하고 있고, 피해자보호명령이 내려진 후 행위자가 불복하더라도 집행정지의 효력이 없는 점(제55조의8 제3항, 제53조), 가정폭력행위자로 인정되어 피해자보호명령을 받고 이를 이행하지 않은 이상 피해자보호명령의 전제가 된 가정폭력행위에 대하여 무죄판결을 선고받아 확정되더라도 가정폭력처벌법 제63조 제1항 제2호의 보호처분 등의 불이행죄 성립에 영향이 없는 점(대법원 2023. 6. 1. 선고 2020도5233 판결 참조) 등에 비추어 피해자보호명령의 심리절차에서 행위자의 방어권을 보장할 필요가 있기 때문이다.

이에 따라 가정보호심판규칙에서는, 행위자 등의 소환은 소환장의 송달에 의하고(제67조의13 제1항), 소환장에는 사건명, 피해자와 행위자의 성명 및 소환되는 사람의 성명, 피해자보호명령사건에 관하여 소환되는 뜻, 출석할 일시와 장소 등을 기재하고 판사가 기명날인하여야 하며(같은 조 제2항), 행위자에게 제1회 심리기일소환장을 송달할 때에는 피해자보호명령 청구서 부본을 함께 송달해야 하는 것으로 정하고 있다(같은 조 제3항 본문).

위와 같은 피해자보호명령사건 심리기일의 지정 및 고지에 관한 법규의 내용과 취지에 비추어 보면, 행위자에게 피해자보호명령사건의 요지를 미리 고지하거나 피해자보호명령 청구서 부본을 송달하고, 보조인을 선임할 수 있다는 취지를 미리 고지하지 않은 채 심리절차를 진행한 후 피해자보호명령을 발령하였다면, 심리 과정에서 행위자의 방어권이 본질적으로 침해되지 않았다고 볼 만한 특별한 사정이 없는 한 법원의 이러한 잘못은 재판에 영향을 미친 법령 위반에 해당한다.

2) 기록에 의하면 아래와 같은 사실을 알 수 있다.

   가. 제1심법원은 제1회 심리기일을 2023. 5. 16. 15:30으로 지정한 후 2023. 3. 22. 행위자에게 제1회 심리기일소환장을 발송하고 같은 취지의 문자메시지를 행위자의 휴대전화로 전송하였을 뿐, 피해자보호명령 청구서 부본을 미리 송달하거나 피해자보호명령사건의 요지 및 보조인을 선임할 수 있다는 취지를 미리 고지하지 않았다.

   나. 2023. 5. 16. 실시된 제1회 심리기일에서도 제1심법원은 행위자에게 피해자보호명령 청구서 부본을 교부하지 않았고, 행위자가 이 사건 청구를 인정할 수 없다고 다투는데도 불구하고 심리를 종결한 직후 행위자에게 이 사건 피해자보호명령을 고지하였다.

3) 이러한 사실관계를 위에서 본 법리에 비추어 살펴본다.

   행위자는 제1회 심리기일이 실시될 때까지 이 사건 청구의 내용을 알았다고 보기 어렵고, 보조인을 선임할 수 있다는 취지도 고지받지 못하였다. 앞서 본 것과 같이 제1회 심리기일 실시 전에 제1심법원의 조사명령에 의한 조사가 실시되었으나, 일시와 장소가 특정된 행위자의 가정폭력행위에 관한 조사는 이루어지지 않았고, 이에 조사관은 최근 특정사건, 즉 가정폭력범죄로 특정할 만한 사건이 없는 상황에서 이혼사건에 도움이 되는 절차라는 의견을 밝혔다.

   사정이 이와 같다면 행위자는 제1회 심리기일에 출석하여 피해자 1의 피해자보호명령청구의 취지 및 이유 진술을 청취한 후 비로소 이 사건 청구의 내용을 파악하게 되었다고 할 것인데, 앞서 본 것과 같이 피해자보호명령의 요건인 행위자의 가정폭력범죄가 명확히 특정되지 않아 방어의 대상이 불분명한 상황에서 행위자가 가정폭력범죄를 저지른 사실이 없다고 부인함에도 불구하고, 제1심법원은 행위자에게 별도의 자료 제출 또는 변명의 기회를 부여하거나 추가적인 조사를 실시하지 않은 채, 제1회 심리기일에서 심리를 종결한 직후 행위자에게 이 사건 피해자보호명령을 고지하였는바, 제1심법원의 이러한 조치는 행위자의 방어권을 본질적으로 침해한 것으로 볼 여지가 있다.

4) 그럼에도 불구하고 원심은 판시와 같은 이유만으로 행위자에 대한 피해자보호명령을 그대로 유지하였다. 원심의 이러한 조치에는 피해자보호명령사건의 심리절차에 관한 법령을 위반하여 재판에 영향을 미친 잘못이 있다. 이 점을 지적하는 이 부분 재항고이유의 주장 역시 이유 있다.

**【판시사항】**

가정폭력범죄의 처벌 등에 관한 특례법상 피해자보호명령 및 임시보호명령 제도의 취지 / 같은 법 제55조의4 제2항에서 임시보호명령의 종기로 정한 '피해자보호명령의 결정 시'의 의미 및 결정 주문에서 종기를 제한하지 않은 임시보호명령이 가정폭력행위자에게 고지되어 효력이 발생한 후 적법한 피해자보호명령이 가정폭력행위자에게 고지되어 효력이 발생할 때까지의 사이에 가정폭력행위자가 임시보호명령에서 금지를 명한 행위를 한 경우, 임시보호명령 위반으로 인한 같은 법 위반죄가 성립하는지 여부(적극) / 같은 법 제63조 제1항 제2호에서 정한 '피해자보호명령을 받고 이를 이행하지 아니한 가정폭력행위자'의 의미 및 항고심에서 절차적 사유로 취소된 피해자보호명령에서 금지를 명한 행위를 한 경우, 피해자보호명령 위반으로 인한 같은 법 위반죄가 성립하는지 여부(적극)

**【판결요지】**

가정폭력범죄의 처벌 등에 관한 특례법(이하 '가정폭력처벌법' 이라 한다)은 종래 가정폭력범죄(제2조 제3호)에 대해서 검사가 가정보호사건으로 처리하고 관할 법원에 송치하거나(제11조) 법원이 가정폭력행위자에 대한 피고사건을 심리한 결과 관할 법원에 송치한 사건(제12조)을 전제로 판사가 심리를 거쳐 하는 보호처분(제40조 제1항)만을 규정하고 있었다. 그러나 2011. 7. 25. 법률 제10921호로 도입된 피해자보호명령 제도는 피해자가 가정폭력행위자와 시간적·공간적으로 밀착되어 즉시 조치를 취하지 않으면 피해자에게 회복할 수 없는 피해를 입힐 가능성이 있을 때 수사기관과 소추기관을 거치지 않고 스스로 안전과 보호를 위하여 직접 법원에 보호를 요청할 수 있도록 하는 한편 그러한 명령을 위반한 경우에는 형사처벌을 함으로써 피해자 보호를 강화하려는 취지에서 도입되었다. 임시보호명령 제도는 피해자보호명령 결정 전에 신속하게 피해자를 보호하고자 하는 취지에서 도입되었다.

위와 같은 규정의 체계와 내용, 입법 취지 등에 비추어 볼 때, 가정폭력처벌법 제55조의4 제2항에서 임시보호명령의 종기로 정한 "피해자보호명령의 결정 시" 는 그 결정이 가정폭력행위자에게 고지됨으로써 효력이 발생한 때를 의미한다. 따라서 일단 임시보호명령이 가정폭력행위자에게 고지되어 효력이 발생하였다면 결정 주문에서 종기를 제한하지 않는 이상 적법한 피해자보호명령이 가정폭력행위자에게 고지되어 효력이 발생할 때까지 임시보호명령은 계속하여 효력을 유지하므로 가정폭력행위자가 그 사이에 임시보호명령에서 금지를 명한 행위를 한 경우에는 임시보호명령 위반으로 인한 가정폭력처벌법 위반죄가 성립한다.

나아가 가정폭력처벌법 제63조 제1항 제2호가 정한 '피해자보호명령을 받고 이를 이행하지 아니한 가정폭력행위자'란 피해자의 청구에 따라 가정폭력행위자로 인정되어 피해자보호명령을 받았음에도 이행하지 않은 사람을 말하고, 피해자보호명령이 항고심에서 절차적 사유로 취소되었음에 불과한 이상 피해자보호명령에서 금지를 명한 행위를 한 경우에는 피해자보호명령 위반으로 인한 가정폭력처벌법 위반죄가 성립한다.

1. 이 사건 공소사실 중 2020. 1. 12.부터 2020. 2. 21.까지 각 행위로 인한 「가정폭력범죄의 처벌 등에 관한 특례법」(이하 '가정폭력처벌법'이라 한다) 위반 부분의 요지

피고인은 피해자 공소외인(여, 45세)의 전 남편으로, 2019. 10. 16. 서울가정법원으로
부터 "피해자보호명령 결정 시까지 피해자의 핸드폰 또는 이메일주소로 유선, 무선, 광
선 및 기타의 전자적 방식에 의하여 부호, 문언, 음향 또는 영상을 송신하지 아니할
것을 명한다."라는 내용의 임시보호명령(이하 '이 사건 임시보호명령'이라 한다)을 받아
같은 달 25일 그 임시보호명령을 송달받고, 2020. 1. 9. 위와 같은 내용의 피해자보
호명령(이하 '이 사건 피해자보호명령'이라 한다)을 받아 2020. 1. 15. 그 피해자보호
명령을 송달받았다.

그럼에도 피고인은 2020. 1. 12.부터 2020. 2. 21.까지 사이에 공소장 별지 범죄일람
표(1) 순번 13 기재와 같이 피해자의 핸드폰으로 전화를 걸거나 공소장 별지 범죄일람
표(3) 순번 133 내지 145 기재와 같이 13회에 걸쳐 피해자에게 문자메시지를 전송함
으로써 총 14회에 걸쳐 이 사건 임시보호명령 또는 피해자보호명령을 위반하였다.

## 2. 원심의 판단

원심은, 이 사건 임시보호명령은 법원이 이 사건 피해자보호명령을 한 2020. 1. 9. 그
효력이 상실되었고, 이 사건 피해자보호명령은 항고심에서 취소됨으로써 소급하여 그
효력이 상실되었으므로, 피고인이 2020. 1. 9. 이후에 이 사건 임시보호명령 또는 피
해자보호명령에서 정한 사항을 위반했더라도 그러한 행위는 가정폭력처벌법 제63조 제
1항 제2호에서 정한 구성요건을 충족하였다고 볼 수 없다는 이유로, 이 사건 공소사실
중 2020. 1. 12.부터 2020. 2. 21.까지 각 행위로 인한 가정폭력처벌법 위반 부분에
대하여 범죄의 증명이 없다고 보아 무죄를 선고한 제1심판결을 그대로 유지하였다.

## 3. 대법원의 판단

1) 가정폭력처벌법 제55조의2 제1항은 "판사는 피해자의 보호를 위하여 필요하다고 인
   정하는 때에는 피해자, 그 법정대리인 또는 검사의 청구에 따라 결정으로 가정폭력
   행위자에게 다음 각 호의 어느 하나에 해당하는 피해자보호명령을 할 수 있다."라고
   규정하면서, 같은 항 제2호로 "피해자 또는 가정구성원이나 그 주거·직장 등에서
   100미터 이내의 접근금지"를, 제3호로 "피해자 또는 가정구성원에 대한 전기통신사
   업법 제2조 제1호의 전기통신을 이용한 접근금지"를 규정하고 있다.
   같은 법 제55조의4 제1항은 "판사는 제55조의2 제1항에 따른 피해자보호명령의 청
   구가 있는 경우에 피해자의 보호를 위하여 필요하다고 인정하는 경우에는 결정으로
   제55조의2 제1항 각호의 어느 하나에 해당하는 임시보호명령을 할 수 있다."라고
   규정하고, 같은 조 제2항은 "임시보호명령의 기간은 피해자보호명령의 결정 시까지
   로 한다. 다만 판사는 필요하다고 인정하는 경우에 그 기간을 제한할 수 있다."라고
   규정하고 있다.
   가정폭력처벌법 제63조 제1항은 "다음 각호의 어느 하나에 해당하는 가정폭력행위
   자는 2년 이하의 징역 또는 2천만 원 이하의 벌금 또는 구류에 처한다."라고 규정
   하면서, 같은 항 제2호로 "제55조의2에 따른 피해자보호명령 또는 제55조의4에 따
   른 임시보호명령을 받고 이를 이행하지 아니한 가정폭력행위자"라고 규정하고 있다.
   구 가정보호심판규칙(2020. 12. 28. 대법원규칙 제2940호로 개정되기 전의 것) 제

67조의6 제1항은 "법 제55조의4에 따른 임시보호명령의 결정을 한 때에는 피해자와 행위자에게 결정을 통지하여야 한다."라고 규정하고 있고, 가정보호심판규칙 제67조의23 제3항은 "심리기일에 출석하지 아니한 피해자 및 행위자에 대한 피해자보호명령결정의 고지는 결정서의 송달에 의한다."라고 규정하고 있다.

한편 형사소송법 제42조는 "재판의 선고 또는 고지는 공판정에서는 재판서에 의하여야 하고 기타의 경우에는 재판서등본의 송달 또는 다른 적당한 방법으로 하여야 한다. 단 법률에 다른 규정이 있는 때에는 예외로 한다."라고 규정하고 있는데, 피고인의 상고에 대하여 형사소송법 제380조 본문에 따라 상고기각결정을 한 경우에는 법률에 다른 규정이 있지 않는 한 형사소송법 제42조 본문의 규정에 의하여 그 등본을 피고인에게 송달하거나 다른 적당한 방법으로 고지하였을 때 그 효력이 생긴다(대법원 2012. 4. 27. 자 2012모576 결정 등 참조).

2) 가정폭력처벌법은 종래 가정폭력범죄(제2조 제3호)에 대해서 검사가 가정보호사건으로 처리하고 관할 법원에 송치하거나(제11조) 법원이 가정폭력행위자에 대한 피고사건을 심리한 결과 관할 법원에 송치한 사건(제12조)을 전제로 판사가 심리를 거쳐 하는 보호처분(제40조 제1항)만을 규정하고 있었다. 그러나 2011. 7. 25. 법률 제10921호로 도입된 피해자보호명령 제도는 피해자가 가정폭력행위자와 시간적·공간적으로 밀착되어 즉시 조치를 취하지 않으면 피해자에게 회복할 수 없는 피해를 입힐 가능성이 있을 때 수사기관과 소추기관을 거치지 않고 스스로 안전과 보호를 위하여 직접 법원에 보호를 요청할 수 있도록 하는 한편 그러한 명령을 위반한 경우에는 형사처벌을 함으로써 피해자 보호를 강화하려는 취지에서 도입되었다. 임시보호명령 제도는 피해자보호명령 결정 전에 신속하게 피해자를 보호하고자 하는 취지에서 도입되었다.

위와 같은 규정의 체계와 내용, 입법 취지 등에 비추어 볼 때, 가정폭력처벌법 제55조의4 제2항에서 임시보호명령의 종기로 정한 "피해자보호명령의 결정 시"는 그 결정이 가정폭력행위자에게 고지됨으로써 효력이 발생한 때를 의미한다. 따라서 일단 임시보호명령이 가정폭력행위자에게 고지되어 효력이 발생하였다면 결정 주문에서 종기를 제한하지 않는 이상 적법한 피해자보호명령이 가정폭력행위자에게 고지되어 효력이 발생할 때까지 임시보호명령은 계속하여 효력을 유지하므로 가정폭력행위자가 그 사이에 임시보호명령에서 금지를 명한 행위를 한 경우에는 임시보호명령 위반으로 인한 가정폭력처벌법 위반죄가 성립한다.

나아가 가정폭력처벌법 제63조 제1항 제2호가 정한 '피해자보호명령을 받고 이를 이행하지 아니한 가정폭력행위자'란 피해자의 청구에 따라 가정폭력행위자로 인정되어 피해자보호명령을 받았음에도 이행하지 않은 사람을 말하고(대법원 2023. 6. 1. 선고 2020도5233 판결 참조), 피해자보호명령이 항고심에서 절차적 사유로 취소되었음에 불과한 이상 피해자보호명령에서 금지를 명한 행위를 한 경우에는 피해자보호명령 위반으로 인한 가정폭력처벌법 위반죄가 성립한다.

3) 원심판결 이유와 기록에 의하면 다음과 같은 사실을 알 수 있다.

가. 피해자가 2019. 10. 16. 서울가정법원에 피해자보호명령 청구를 하였고(서울가정법원 사건번호 1 생략), 서울가정법원은 같은 날 피고인에게 "피해자보호명령 결정 시까지 피해자의 주거 및 직장에서 100m 이내의 접근금지와 피해자의 핸드폰 또는 이메일주소로 유선, 무선, 광선 및 기타의 전자적 방식에 의하여 부호, 문언, 음향 또는 영상을 송신하지 아니할 것을 명한다."라는 내용의 이 사건 임시보호명령을 하였으며, 그 임시보호명령은 2019. 10. 25. 피고인에게 송달되었다.

나. 서울가정법원은 2020. 1. 9. 피고인에게 "2020. 7. 8.까지 피해자의 주거 및 직장에서 100m 이내의 접근금지와 피해자의 핸드폰 또는 이메일주소로 유선, 무선, 광선 및 기타의 전자적 방식에 의하여 부호, 문언, 음향 또는 영상을 송신하지 아니할 것을 명한다."라는 내용의 이 사건 피해자보호명령을 하였고, 그 피해자보호명령은 2020. 1. 15. 피고인에게 송달되었다.

다. 피고인은 2020. 1. 22. 이 사건 피해자보호명령에 대하여 항고를 제기하였고(서울가정법원 사건번호 2 생략), 항고심은 2020. 3. 26. "피해자보호명령 사건의 심리기일에는 소환장의 송달에 의하여 행위자를 소환하여야 하는데, 제1심법원이 심리기일에 행위자를 소환했다고 인정할 만한 아무런 자료가 없으므로, 제1심법원은 피해자보호명령의 심리에 관한 법령을 위반한 것이고, 제1심법원의 이러한 법령위반은 이 사건 피해자보호명령에 영향을 미쳤다."라는 이유로 이 사건 피해자보호명령을 취소하고 사건을 제1심법원에 환송하는 결정을 하였으며, 그 결정은 2020. 3. 31. 피고인에게 송달되었다.

라. 피고인은 2020. 1. 12. 피해자의 핸드폰으로 문자메시지를 1회 전송하고[공소장 별지 범죄일람표(3) 순번 133, 이하 '제1 행위'라 한다], 2020. 1. 23.부터 2020. 2. 21.까지 피해자의 핸드폰으로 전화를 1회 하고, 12회에 걸쳐 문자메시지를 전송하였다[공소장 별지 범죄일람표(1) 순번 13, 범죄일람표(3) 순번 134 내지 145, 이하 '제2 행위'라 한다].

4) 이러한 사실관계를 앞서 본 법리에 비추어 살펴본다.

서울가정법원은 이 사건 임시보호명령의 종기를 '피해자보호명령 결정 시'까지로 정하였을 뿐 달리 이를 제한하지 않았다. 따라서 이 사건 임시보호명령의 효력은 적법하게 피해자보호명령의 효력이 발생할 때까지 그대로 유지된다. 그런데 제1 행위는 이 사건 피해자보호명령이 피고인에게 고지되기 전에 이루어졌고 행위 당시에는 이 사건 임시보호명령의 효력이 여전히 유지되고 있었으므로 불이행죄가 성립한다.

이 사건 피해자보호명령은 2020. 1. 15. 피고인에게 송달되었다가 이를 취소하고 서울가정법원 단독재판부로 환송한다는 내용의 2020. 3. 26. 자 항고심 결정이 있었지만 절차적 사유로 취소되었음에 불과하므로 이를 위반한 제2 행위에 대해서도 불이행죄가 성립한다.

따라서 제1, 2 행위에 관하여 이 사건 임시보호명령 또는 피해자보호명령 위반으로 인한 가정폭력처벌법 위반죄가 성립한다고 봄이 타당하다.

이와 달리 제1, 2 행위 당시에 이미 이 사건 임시보호명령의 효력이 상실되었거나 이 사건 피해자보호명령이 항고심에서 취소됨으로써 효력이 상실되었음을 전제로 제1, 2 행위에 관하여 이 사건 임시보호명령 또는 피해자보호명령 위반으로 인한 가정폭력처벌법 위반죄가 성립하지 않는다고 본 원심의 판단에는 임시보호명령, 피해자보호명령의 효력에 관한 법리를 오해하여 판결에 영향을 미친 잘못이 있다. 이를 지적하는 검사의 상고이유 주장은 이유 있다.

**(4) 보호처분 등의 불이행죄가 성립한다고 한 사례**

**【판시사항】**

[1] 가정폭력범죄의 처벌 등에 관한 특례법 제63조 제1항 제2호에서 정한 '피해자보호명령을 받고 이를 이행하지 아니한 가정폭력행위자'의 의미

[2] 가정폭력범죄의 처벌 등에 관한 특례법에 따른 피해자보호명령을 받은 갑이 이를 이행하지 않아 같은 법 제63조 제1항 제2호의 보호처분 등의 불이행죄로 기소된 이후에 피해자보호명령의 전제가 된 가정폭력행위에 대하여 무죄판결을 선고받아 확정된 사안에서, 갑이 가정폭력행위자로 인정되어 피해자보호명령을 받고 이를 이행하지 않은 이상, 가정폭력범죄의 처벌 등에 관한 특례법 제63조 제1항 제2호의 보호처분 등의 불이행죄가 성립한다고 한 사례

**【판결요지】**

[1] 가정폭력범죄의 처벌 등에 관한 특례법(이하 '가정폭력처벌법' 이라 한다)상 피해자보호명령 제도의 내용과 입법 취지 등에 비추어 보면, 가정폭력처벌법 제63조 제1항 제2호에서 정한 '피해자보호명령을 받고 이를 이행하지 아니한 가정폭력행위자'란 피해자의 청구에 따라 가정폭력행위자로 인정되어 피해자보호명령을 받았음에도 이행하지 않은 사람을 말한다.

[2] 가정폭력범죄의 처벌 등에 관한 특례법(이하 '가정폭력처벌법' 이라 한다)에 따른 피해자보호명령을 받은 갑이 이를 이행하지 않아 가정폭력처벌법 제63조 제1항 제2호의 보호처분 등의 불이행죄로 기소된 이후에 피해자보호명령의 전제가 된 가정폭력행위에 대하여 무죄판결을 선고받아 확정된 사안에서, 갑이 피해자의 청구에 따라 가정폭력행위자로 인정되어 피해자보호명령을 받고 이를 이행하지 않은 이상, 가정폭력처벌법 제63조 제1항 제2호의 보호처분 등의 불이행죄가 성립하는데도, 이와 달리 본 원심판단에 법리오해의 잘못이 있다고 한 사례.

1. 공소사실의 요지 및 원심의 판단

 1) 공소사실의 요지

　　피고인은 피해자 공소외 1과 2013. 7. 1.경 이혼하고 현재 동거를 하고 있는 사실혼 관계의 부부이고, 피해자 공소 외 2의 계부이다.

　　피고인은 2018. 11. 23. 서울가정법원에서 '1. 2019. 5. 25.까지 피해자들의 주거 및 직장 100m 이내의 접근금지, 2. 2019. 5. 25.까지 피해자들의 핸드폰 또는 이메일 주소로 유선, 무선, 광선 및 기타의 전자적 방식에 의하여 부호, 문언, 음향 또는 영상의 송신금지'를 내용으로 하는 피해자보호명령을 받았다.

　　그럼에도 피고인은 2019. 1. 22. 00:38경부터 00:53경까지 6회에 걸쳐 피해자들의 휴대폰으로 전화를 걸거나 문자메시지를 보내는 등 피해자보호명령을 이행하지 아니하였다.

 2) 원심의 판단

　　원심은 아래와 같은 이유로 피고인이 「가정폭력범죄의 처벌 등에 관한 특례법」(이하 '가정폭력처벌법'이라 한다)이 정한 '가정폭력행위자'에 해당한다고 보기 어려우므

로, 설령 피고인이 피해자보호명령을 받고 그 내용을 이행하지 않았더라도 가정폭력처벌법 제63조 제1항 제2호를 위반하였다고 볼 수는 없다고 판단하였다.

가. 피해자보호명령은 가정폭력범죄를 범한 사람 및 가정구성원인 공범에게 할 수 있고, 가정폭력범죄는 가정폭력처벌법 제2조 제3호 각목이 정한 범죄를 의미한다.

나. 피고인이 2018. 1. 12. 20:30경 피해자 공소외 1의 몸을 끌어당기고 밀치는 등 폭행하였다는 공소사실에 관하여 2019. 5. 24. 무죄판결을 선고받고, 2019. 8. 14. 위 판결이 확정되었으며, 무죄가 확정된 위 공소사실 외에 피고인이 피해자보호명령을 받기 전 피해자 공소외 1, 공소외 2에게 가정폭력범죄를 범하였다는 사실로 기소되거나 가정보호사건으로 송치된 적은 없다.

## 2. 대법원의 판단

그러나 원심의 위와 같은 판단은 그대로 받아들이기 어렵다.

1) 가정폭력처벌법 제63조 제1항은 제55조의2에 따른 피해자보호명령을 받고 이행하지 아니한 가정폭력행위자에 대해 2년 이하의 징역 또는 2천만 원 이하의 벌금 또는 구류에 처한다고 규정한다. 한편 '가정폭력범죄'란 가정구성원 사이의 신체적, 정신적 또는 재산상 피해를 수반하는 행위로 가정폭력처벌법 제2조 제3호의 각 목의 어느 하나에 해당하는 죄를 말하고(제2조 제1호, 제3호), '가정폭력행위자'란 가정폭력범죄를 범한 사람 및 가정구성원인 공범을 말한다(제2조 제4호). 가정폭력처벌법상 피해자보호명령은 판사가 가정폭력범죄 피해자의 보호를 위하여 필요하다고 인정하는 때에 피해자 등의 청구에 따라 결정으로 가정폭력행위자에게 피해자의 주거지 등에서의 퇴거 등을 명하는 제도로서(제55조의2 제1항), 피해자가 스스로 안전과 보호를 위한 방책을 마련하여 직접 법원에 청구할 수 있도록 하여 신속하게 피해자를 보호하려는 취지를 가지고 신설되었다.

이러한 피해자보호명령 제도의 내용과 입법 취지 등에 비추어 보면, 가정폭력처벌법 제63조 제1항 제2호가 정한 '피해자보호명령을 받고 이를 이행하지 아니한 가정폭력행위자'란 피해자의 청구에 따라 가정폭력행위자로 인정되어 피해자보호명령을 받았음에도 이행하지 않은 사람을 말한다.

2) 제1심판결 및 원심판결 이유와 적법하게 채택된 증거에 따르면, 다음과 같은 사실 또는 사정을 알 수 있다.

가. 피해자 공소외 1은 피고인의 가정폭력, 즉 '2016. 1. 31. 식칼을 들고 피해자 공소외 1을 협박한 행위(특수협박)', '2017. 4. 24. 이불로 피해자 공소외 1을 뒤집어씌우고 몸으로 누른 행위(폭행)', '2017. 7. 2. 피고인을 피하는 피해자 공소외 1을 따라가 걸어 잠근 방문 손잡이를 흔든 행위(재물손괴)', '2018. 1. 12. 피해자 공소외 1의 몸을 끌어당기고 밀친 행위(폭행)' 등으로 인한 피해를 주장하면서 관련 증거방법을 첨부하여 2018. 2. 21. 서울가정법원에 피해자보호명령을 신청하였고, 같은 법원은 2018. 11. 23. 피고인에게 피해자보호명령을 하였다.

나. 피고인은 2019. 1. 22. 공소사실 기재와 같이 피해자보호명령을 이행하지 않았다.

다. 피고인은 위 2018. 1. 12. 자 폭행 사실로 기소되어 서울북부지방법원에서 벌금 30만 원의 유죄판결을 선고받았으나, 항소하여 2019. 5. 24. 서울북부지방법원에서 무죄판결을 선고받아 2019. 8. 14. 그 판결이 확정되었다.

라. 한편 위 피해자보호명령은 피고인의 항고와 재항고가 모두 기각되어 2019. 8. 2. 확정되었다.

3) 위 인정 사실을 앞서 본 법리에 비추어 살펴보면, 피고인이 피해자의 청구에 따라 가정폭력행위자로 인정되어 피해자보호명령을 받고 이를 이행하지 아니한 이상, 가정폭력처벌법 제63조 제1항 제2호의 보호처분 등 불이행죄가 성립한다.

4) 그런데도 원심은 판시와 같은 이유만으로 이 사건 공소사실에 대하여 무죄를 선고하였는바, 이러한 원심의 판단에는 필요한 심리를 다하지 않은 채 가정폭력처벌법상 보호처분 등 불이행죄의 성립에 대한 법리를 오해하여 판결에 영향을 미친 잘못이 있다. 이를 지적하는 검사의 상고이유는 이유 있다.

**【판시사항】**

가정폭력범죄의 처벌 등에 관한 특례법상 검사가 청구한 임시조치를 기각한 결정에 대하여 피해자가 항고할 수 있는지 여부(소극) / 가정보호심판규칙 제63조 제3항에 따라 항고법원이 제1심의 임시조치 결정을 파기하고 검사의 청구를 기각하는 결정을 하는 경우, 피해자가 재항고할 수 있는지 여부(소극)

**【결정요지】**

가정폭력범죄의 처벌 등에 관한 특례법(이하 '법'이라 한다) 제8조 제1항에 따라 검사가 청구하는 임시조치에 대하여 법 제39조 위임에 따라 제정된 가정보호심판규칙(이하 '규칙' 이라 한다) 제10조는 가정법원 판사가 임시조치 결정 또는 임시조치 청구를 기각하는 결정을 할 수 있다고 규정한다. 법 제49조 제1항은 법 제8조에 따른 임시조치 결정에 있어서 그 결정에 영향을 미칠 법령위반이 있거나 중대한 사실오인이 있는 경우 또는 그 결정이 현저히 부당한 경우에는 검사, 가정폭력행위자, 법정대리인 또는 보조인은 가정법원 본원합의부에 항고할 수 있다고 규정한다. 한편 가정보호사건을 송치 받은 가정법원 판사는 원활한 조사·심리 또는 피해자 보호를 위하여 필요하다고 인정하는 경우에는 결정으로 법 제29조가 정한 임시조치를 할 수 있고, 조사·심리를 거쳐 법 제40조가 정한 보호처분 결정이나 법 제37조가 정한 처분을 하지 아니하는 결정을 할 수 있다. 법 제49조 제1항은 보호처분 결정에 있어서 그 결정에 영향을 미칠 법령위반이 있거나 중대한 사실오인이 있는 경우 또는 그 결정이 현저히 부당한 경우 검사, 가정폭력행위자, 법정대리인 또는 보조인이 가정법원 본원합의부에 항고할 수 있다고 규정하고, 법 제49조 제2항은 처분을 하지 아니하는 결정에 대하여 그 결정이 현저히 부당할 때에는 검사, 피해자 또는 그 법정대리인은 항고할 수 있다고 규정한다.

위와 같은 법, 규칙의 규정을 종합하여 보면, 검사가 청구한 임시조치를 기각한 결정에 대하여 피해자가 항고할 수는 없다. 이 법리에 따르면 규칙 제63조 제3항에 따라 항고법원이 제1심의 임시조치 결정을 파기하고, 검사의 청구를 기각하는 결정을 하는 경우 피해자가 재항고할 수 없다.

**【이 유】**

1. 가정폭력범죄의 처벌 등에 관한 특례법(이하 '법' 이라 한다) 제8조 제1항에 따라 검사가 청구하는 임시조치에 대하여 법 제39조 위임에 따라 제정된 가정보호심판규칙(이하 '규칙' 이라 한다) 제10조는 가정법원 판사가 임시조치 결정 또는 임시조치 청구를 기각하는 결정을 할 수 있다고 규정한다. 법 제49조 제1항은 법 제8조에 따른 임시조치 결정에 있어서 그 결정에 영향을 미칠 법령위반이 있거나 중대한 사실오인이 있는 경우 또는 그 결정이 현저히 부당한 경우에는 검사, 가정폭력행위자, 법정대리인 또는 보조인은 가정법원 본원합의부에 항고할 수 있다고 규정한다. 한편 가정보호사건을 송치 받은 가정법원 판사는 원활한 조사·심리 또는 피해자 보호를 위하여 필요하다고 인정하는 경우에는 결정으로 법 제29조가 정한 임시조치를 할 수 있고, 조사·심리를 거쳐 법

제40조가 정한 보호처분 결정이나 법 제37조가 정한 처분을 하지 아니하는 결정을 할 수 있다. 법 제49조 제1항은 보호처분 결정에 있어서 그 결정에 영향을 미칠 법령위반이 있거나 중대한 사실오인이 있는 경우 또는 그 결정이 현저히 부당한 경우 검사, 가정폭력행위자, 법정대리인 또는 보조인이 가정법원 본원합의부에 항고할 수 있다고 규정하고, 법 제49조 제2항은 처분을 하지 아니하는 결정에 대하여 그 결정이 현저히 부당할 때에는 검사, 피해자 또는 그 법정대리인은 항고할 수 있다고 규정한다.

위와 같은 법, 규칙의 규정을 종합하여 보면, 검사가 청구한 임시조치를 기각한 결정에 대하여 피해자가 항고할 수는 없다. 이 법리에 따르면 규칙 제63조 제3항에 따라 항고법원이 제1심의 임시조치 결정을 파기하고, 검사의 청구를 기각하는 결정을 하는 경우 피해자가 재항고할 수 없다.

2. 이 사건에서 검사의 임시조치 청구에 대하여 제1심법원이 임시조치 결정을 하자 행위자가 항고하였다. 원심이 제1심결정을 파기하고, 검사의 청구를 기각하는 결정을 하자 피해자가 재항고를 하였으나 앞서 본 바와 같이 피해자가 재항고를 할 수 없다. 뿐만 아니라 기록에 비추어 살펴보면, 원심이 그 판시와 같은 이유로 위와 같은 결정을 한 조치는 정당하다.

【판시사항】

형법 제297조에서 규정한 강간죄의 객체인 '부녀'에 법률상 처(처)가 포함되는지 여부(적극) 및 혼인관계가 실질적으로 유지되고 있더라도 남편이 반항을 불가능하게 하거나 현저히 곤란하게 할 정도의 폭행이나 협박을 가하여 아내를 간음한 경우 강간죄가 성립하는지 여부(적극)와 남편의 아내에 대한 폭행 또는 협박이 피해자의 반항을 불가능하게 하거나 현저히 곤란하게 할 정도에 이른 것인지 판단하는 기준

【판결요지】

[다수의견]

1. 형법(2012. 12. 18. 법률 제11574호로 개정되기 전의 것, 이하 같다) 제297조는 부녀를 강간한 자를 처벌한다고 규정하고 있는데, 형법이 강간죄의 객체로 규정하고 있는 '부녀'란 성년이든 미성년이든, 기혼이든 미혼이든 불문하며 곧 여자를 가리킨다. 이와 같이 형법은 법률상 처를 강간죄의 객체에서 제외하는 명문의 규정을 두고 있지 않으므로, 문언 해석상으로도 법률상 처가 강간죄의 객체에 포함된다고 새기는 것에 아무런 제한이 없다. 한편 1953. 9. 18. 법률 제293호로 제정된 형법은 강간죄를 규정한 제297조를 담고 있는 제2편 제32장의 제목을 '정조에 관한 죄'라고 정하고 있었는데, 1995. 12. 29. 법률 제5057호로 형법이 개정되면서 그 제목이 '강간과 추행의 죄'로 바뀌게 되었다. 이러한 형법의 개정은 강간죄의 보호법익이 현재 또는 장래의 배우자인 남성을 전제로 한 관념으로 인식될 수 있는 '여성의 정조' 또는 '성적 순결'이 아니라, 자유롭고 독립된 개인으로서 여성이 가지는 성적 자기결정권이라는 사회 일반의 보편적 인식과 법 감정을 반영한 것으로 볼 수 있다. 부부 사이에 민법상의 동거의무가 인정된다고 하더라도 거기에 폭행, 협박에 의하여 강요된 성관계를 감내할 의무가 내포되어 있다고 할 수 없다. 혼인이 개인의 성적 자기결정권에 대한 포기를 의미한다고 할 수 없고, 성적으로 억압된 삶을 인내하는 과정일 수도 없기 때문이다.

2. 결론적으로 헌법이 보장하는 혼인과 가족생활의 내용, 가정에서의 성폭력에 대한 인식의 변화, 형법의 체계와 그 개정 경과, 강간죄의 보호법익과 부부의 동거의무의 내용 등에 비추어 보면, 형법 제297조가 정한 강간죄의 객체인 '부녀'에는 법률상 처가 포함되고, 혼인관계가 파탄된 경우뿐만 아니라 혼인관계가 실질적으로 유지되고 있는 경우에도 남편이 반항을 불가능하게 하거나 현저히 곤란하게 할 정도의 폭행이나 협박을 가하여 아내를 간음한 경우에는 강간죄가 성립한다고 보아야 한다. 다만 남편의 아내에 대한 폭행 또는 협박이 피해자의 반항을 불가능하게 하거나 현저히 곤란하게 할 정도에 이른 것인지 여부는, 부부 사이의 성생활에 대한 국가의 개입은 가정의 유지라는 관점에서 최대한 자제하여야 한다는 전제에서, 그 폭행 또는 협박의 내용과 정도가 아내의 성적 자기결정권을 본질적으로 침해하는 정도에 이른 것인지 여부, 남편이 유형력을 행사하게 된 경위, 혼인생활의 형태와 부부의 평소 성행, 성교 당시와 그 후의

상황 등 모든 사정을 종합하여 신중하게 판단하여야 한다.

[반대의견]

1. 강간죄에 대하여 규정한 형법 제297조가 개정 형법(2012. 12. 18. 법률 제11574호로 개정되어 2013. 6. 19. 시행 예정인 것, 이하 '개정 형법'이라 한다)에 의하여 개정되기 전에, 강제적인 부부관계에 대하여 행사된 폭행이나 협박을 처벌 대상으로 삼는 것을 넘어서서 강간죄의 성립을 부정하였던 종전의 판례를 변경하여 강간죄로 처벌하여야 한다는 다수의견에 대하여는 다음과 같은 이유로 찬성할 수 없다.

2. '간음(간음)'의 사전적 의미는 '부부 아닌 남녀가 성적 관계를 맺음'이고, 강간은 '강제적인 간음'을 의미하므로 강간죄는 폭행 또는 협박으로 부부 아닌 남녀 사이에서 성관계를 맺는 것이라 할 것이다. 그리고 강간죄는 '부녀'를 대상으로 삼고 있으므로, 결국 강간죄는 그 문언상 '폭행 또는 협박으로 부인이 아닌 부녀에 대하여 성관계를 맺는 죄'라고 해석된다. 강간죄는 제정 당시부터 '배우자가 아닌 사람에 의한 성관계'를 강요당한다는 침해적인 요소를 고려하여 형량을 정하였는데, 특별한 구성요건의 변화 없이 형법 제32장의 제목 변경만으로 강간죄를 부부관계에까지 확대하는 것은 강간죄의 규정 취지와 달리 부부관계에 대하여 과도한 처벌이 이루어지게 되어 죄형균형의 원칙을 벗어나게 된다. 혼인생활과 가족관계의 특수성이 갖는 이익과 성적 자기결정권이 갖는 이익의 형량 등을 고려하여 강간죄에 의한 처벌 여부를 가려야 한다면, 차라리 일반적인 강간죄가 성립된다고 보지 않고 그 폭행 또는 협박에 상응한 처벌을 하는 것이 다양한 유형의 성적 자기결정권 침해에 대처할 수 있고 처의 혼인생활 및 권리 보호에 충실할 수 있다.

【이 유】

1. 피고사건에 대하여

1) 전혀 다른 성장배경을 가진 남녀가 서로 만나 혼인하고 자녀를 낳아 양육하면서 가정을 이루는 토대는 부부 사이의 사랑과 신뢰이다. 이러한 사랑과 신뢰는 부부 사이에 건강한 성생활이 유지됨으로써 더욱 견고해질 수 있다. 부부는 가치관, 정신적·육체적 능력, 욕구와 취향 등 인생의 희로애락과 관련된 모든 면에서 차이가 있게 마련이지만, 그러면서도 가정을 평화롭고 행복하게 유지하려면 서로 양보와 배려를 하고 경우에 따라 자기희생도 감수해야 한다. 같은 연유로 성적 욕구와 취향 등도 부부 사이에 서로 다르며 각 가정마다 상당한 차이가 있을 수 있지만, 어떤 경우에도 부부 사이의 성생활을 제3자가 자신의 기준으로 평가하도록 하는 것은 바람직하지 않다. 따라서 국가도 은밀하게 이루어지는 부부 사이의 성생활에 개입하는 것을 극도로 자제하여야 한다.

종래 대법원은 혼인관계가 실질적으로 유지되는 한 아내에 대하여 강제적인 성관계를 한 남편을 강간죄로 처벌할 수 없다고 해석하였다. 이는 가정 내의 폭력을 추방하여야 한다는 요청을 대법원이 외면하거나 가볍게 여기는 것이 아니라 혼인생활에서 부부 사이에 은밀히 이루어지는 성관계에 대한 국가의 개입을 자제하여 조금이라도 가정이 유지되도록 하기 위한 배려라고 새길 것이다.

2) 헌법은 인간의 존엄과 가치, 행복추구권의 보장을 선언하면서(제10조), 혼인과 가족
생활이 개인의 존엄과 양성의 평등을 기초로 성립되고 유지되어야 함과 아울러 국
가는 이를 적극적으로 보장하여야 하는 의무를 부담함을 천명하고 있다(제36조). 개
인의 성적 자기결정권은 위 헌법 규정이 정한 개인의 존엄과 가치, 양성의 평등, 행
복추구권에 기초하고 있으므로, 혼인한 부부 사이의 성생활에서도 개인의 성적 자기
결정권은 보장되고 보호되어야 한다. 비록 부부 사이에 은밀히 이루어지는 성생활이
국가의 개입을 극도로 자제하여야 하는 영역에 속한다고 하더라도 위 헌법 규정의
적용이 배제되는 성역(성역)일 수는 없다.
  아내에 대한 성폭력은 매우 사적이고 은밀한 성격을 띠고 있어 잘 노출되지 않는
특성이 있는데다가 반복적이고 지속적인 양상을 보이기 때문에 이에 대한 적절한
대응조치가 취하여지지 않으면 그에 따른 여성의 피해는 점차 심각해질 위험이 있
다. 특히 우리나라의 특수한 경제적·문화적·사회적 요인으로 인하여 피해자인 여성
이 이혼을 결심하지 못한 채 자포자기의 심정으로 현실을 감내하는 선택을 할 수밖
에 없는 경우도 있을 수 있다.
  아내에 대한 성폭력이 가정 내부에서 자율적으로 해결되지 못하고 아내의 성적 자
기결정권이 심각하게 유린되는 상황이 지속되고 있음에도 국가가 부부 사이의 내밀
한 성생활에 관한 문제라는 이유만으로 그 개입을 자제한다면, 헌법이 천명한 개인
의 존엄과 양성의 평등에 기초한 혼인생활을 보장할 국가의 책무를 소홀히 하는 것
이다. 특히 부부 사이에서도 양성의 평등과 성적 자기결정권이 존중되어야 한다는
인식이 국민들의 보편적 법의식으로 자리잡게 된 오늘날에는, 혼인관계가 파탄에 이
른 경우는 물론 혼인관계가 실질적으로 유지되고 있는 경우에도 남편의 성폭력이
아내의 성적 자기결정권을 본질적으로 침해하는 정도에 이르렀다면, 국가가 이에 개
입하여 더 이상의 피해를 방지하고 건강한 부부관계가 회복될 수 있도록 적절한 조
치를 취해야 하며, 필요한 경우 국가형벌권의 행사도 고려하지 않을 수 없다.

3) 형법 제297조는 부녀를 강간한 자를 처벌한다고 규정하고 있는데, 형법이 강간죄의
객체로 규정하고 있는 부녀란 성년이든 미성년이든, 기혼이든 미혼이든 불문하며 곧
여자를 가리키는 것이다(대법원 1996. 6. 11. 선고 96도791 판결, 대법원 2009.
9. 10. 선고 2009도3580 판결 참조). 이와 같이 형법은 법률상 처를 강간죄의 객체
에서 제외하는 명문의 규정을 두고 있지 않으므로, 문언 해석상으로도 법률상 처가
강간죄의 객체에 포함된다고 새기는 것에 아무런 제한이 없다.
  한편 1953. 9. 18. 법률 제293호로 제정된 형법은 강간죄를 규정한 제297조를 담
고 있는 제2편 제32장의 제목을 '정조에 관한 죄'라고 정하고 있었는데, 1995. 12.
29. 법률 제5057호로 형법이 개정되면서 그 제목이 '강간과 추행의 죄'로 바뀌게
되었다. 이러한 형법의 개정은 강간죄의 보호법익이 현재 또는 장래의 배우자인 남
성을 전제로 한 관념으로 인식될 수 있는 '여성의 정조' 또는 '성적 순결'이 아니라,
자유롭고 독립된 개인으로서 여성이 가지는 성적 자기결정권이라는 사회 일반의 보
편적 인식과 법감정을 반영한 것으로 볼 수 있다.

4) 민법 제826조 제1항은 부부의 동거의무를 규정하고 있고, 여기에는 배우자와 성생활을 함께 할 의무가 포함된다. 부부의 일방이 정당한 이유 없이 서로 동거하여야 할 부부로서의 의무를 포기하고 다른 일방을 버린 경우에는 재판상 이혼사유인 악의의 유기에 해당할 수 있다(대법원 1986. 5. 27. 선고 86므26 판결, 대법원 1999. 2. 12. 선고 97므612 판결 등 참조). 그러나 부부 사이에 민법상의 동거의무가 인정된다고 하더라도 거기에 폭행, 협박에 의하여 강요된 성관계를 감내할 의무가 내포되어 있다고 할 수 없다. 혼인이 개인의 성적 자기결정권에 대한 포기를 의미한다고 할 수 없고, 성적으로 억압된 삶을 인내하는 과정일 수도 없기 때문이다.

5) 결론적으로, 위와 같은 헌법이 보장하는 혼인과 가족생활의 내용, 가정에서의 성폭력에 대한 인식의 변화, 형법의 체계와 그 개정 경과, 강간죄의 보호법익과 부부의 동거의무의 내용 등에 비추어 보면, 형법 제297조가 정한 강간죄의 객체인 '부녀'에는 법률상 처가 포함되고, 혼인관계가 파탄된 경우뿐만 아니라 혼인관계가 실질적으로 유지되고 있는 경우에도 남편이 반항을 불가능하게 하거나 현저히 곤란하게 할 정도의 폭행이나 협박을 가하여 아내를 간음한 경우에는 강간죄가 성립한다고 보아야 한다.

다만 남편의 아내에 대한 폭행 또는 협박이 피해자의 반항을 불가능하게 하거나 현저히 곤란하게 할 정도에 이른 것인지 여부는, 부부 사이의 성생활에 대한 국가의 개입은 가정의 유지라는 관점에서 최대한 자제하여야 한다는 전제에서, 그 폭행 또는 협박의 내용과 정도가 아내의 성적 자기결정권을 본질적으로 침해하는 정도에 이른 것인지 여부, 남편이 유형력을 행사하게 된 경위, 혼인생활의 형태와 부부의 평소 성행, 성교 당시와 그 후의 상황 등 모든 사정을 종합하여 신중하게 판단하여야 한다.

이와 달리, 실질적인 부부관계가 유지되고 있을 때에는 설령 남편이 강제로 아내를 간음하였다고 하더라도 강간죄가 성립하지 아니한다고 판시한 대법원 1970. 3. 10. 선고 70도29 판결은 이 판결과 배치되는 범위에서 이를 변경하기로 한다.

6) 아울러 혼인관계가 실질적으로 유지되고 있는 부부 사이에서 발생하는 강간죄의 수사와 재판에는 특별한 고려가 필요하다는 점을 지적하여 둔다.

남편의 아내에 대한 강간죄를 수사하는 수사기관이나 그 재판을 담당하는 법원은 수사나 재판과정에서 모멸감, 배신감 등으로 부부 사이의 심리적·정신적 상처가 덧나거나 혼인의 파탄이 촉진되는 일이 없도록 세심한 배려를 하여야 하고, 가정 내의 고통이 장기간 지속되지 않도록 신속하게 절차를 진행하여야 한다. 그리고 부부 모두 가정을 유지하려는 의사가 확고할 때에는 이를 수사나 재판에 있어 중요한 요소로 반영하여야 함은 물론이다.

한편 가정폭력범죄의 처벌 등에 관한 특례법(이하 '가정폭력특례법'이라 한다)이 2012. 1. 17. 법률 제11150호로 개정되면서 형법 제297조의 강간죄 및 이에 대하여 다른 법률에 따라 가중 처벌되는 죄도 가정폭력범죄에 해당하게 되었다. 가정폭력특례법은 가정폭력범죄에 대하여는 가정폭력특례법을 다른 법률에 우선하여 적용하고(제3조), 남편의 아내에 대한 강제적인 성행위가 형법상 강간죄의 구성요건을 충족하더라도 형사 처벌보다 가정폭력특례법에 따른 보호처분이 적절한 경우에는 이를 가정보호사건으로 처리할 수 있도록 규정하고 있다(제9조 제1항, 제12조, 제40조 제1항 등 참조). 이와 같이 남편의 아내에 대한 강간죄는 형사공판절차가 아니라 가정보호사건으로 처리될 수 있으므로, 검사 또는 법원으로서는 아내에 대한 강간죄를 가정폭력특례법에 따라 가정보호사건으로 처리할 것인지, 아니면 피고사건으로 처리할 것인지를 결정함에 있어 부부 사이에서 발생한 성폭력범죄라는 특수성과 함께 이를 피고사건으로 처리할 경우 적용될 강간죄의 법정형을 아울러 고려하여 신중히 판단하여야 할 것이다.

7) 원심은 그 채택 증거에 의하여 그 판시와 같은 사실을 인정한 다음, 부부인 피고인과 피해자가 불화로 부부싸움을 자주 하면서 각방을 써오던 상황에서 피고인이 흉기를 사용하여 피해자를 폭행, 협박한 후 강제로 성관계를 하였으므로, 준강간죄 및 성폭력범죄의 처벌 등에 관한 특례법 위반(특수강간)죄가 성립한다고 판단하였다.
원심판결 이유를 앞서 본 법리와 기록에 비추어 살펴보면, 원심의 위와 같은 판단은 정당하고, 거기에 상고이유 주장과 같은 강간죄의 객체에 관한 법리를 오해하는 등의 위법이 없다.

2. 부착명령 청구사건에 대하여

구 특정 범죄자에 대한 위치추적 전자장치 부착 등에 관한 법률(2012. 12. 18. 법률 제11558호 특정 범죄자에 대한 보호관찰 및 전자장치 부착 등에 관한 법률로 개정되기 전의 것, 이하 '전자장치부착법' 이라 한다) 제5조 제1항에 정한 성폭력범죄의 재범의 위험성이라 함은 재범할 가능성만으로는 부족하고 피부착명령청구자가 장래에 다시 성폭력범죄를 범하여 법적 평온을 깨뜨릴 상당한 개연성이 있음을 의미한다. 성폭력범죄의 재범의 위험성 유무는 피부착명령청구자의 직업과 환경, 당해 범행 이전의 행적, 그 범행의 동기, 수단, 범행 후의 정황, 개전의 정 등 여러 사정을 종합적으로 평가하여 객관적으로 판단하여야 하고, 이러한 판단은 장래에 대한 가정적 판단이므로, 판결시를 기준으로 하여야 한다[대법원 2012. 4. 26. 선고 2012도3337, 2012전도74(병합) 판결 등 참조]. 그리고 전자 장치부착법 제5조 제1항 제3호에 정한 '성폭력범죄의 습벽'은 범죄자의 어떤 버릇, 범죄의 경향을 의미하는 것으로서 행위의 본질을 이루는 성질이 아니고 행위자의 특성을 이루는 성질을 의미하는 것이므로, 습벽의 유무는 행위자의 연령·성격·직업·환경·전과, 범행의 동기·수단·방법 및 장소, 전에 범한 범죄와의 시간적 간격, 그 범행의 내용과 유사성 등 여러 사정을 종합하여 판단하여야 한다(대법원 2011. 9. 29. 선고 2011전도82 판결 등 참조).

원심은, 피고인이 흉기를 휴대한 채 자신의 아내인 피해자를 폭행한 후 항거불능 상태에 이른 피해자를 간음하고, 불과 며칠 후에 다시 흉기로 피해자의 반항을 억압한 후 피해자를 강간한 점, 피고인이 성범죄자 재범위험성 검사 도중 피해자의 외도를 의심하여 흥분하고 화를 내는 등 불안정한 정서상태를 보이기도 하였고, 책임을 회피하거나 타인에 대한 공감능력이 부족하다고 평가된 점, 그 밖에 피고인의 나이, 성행, 환경, 이 사건 범행의 동기 및 내용 등을 종합하면, 피고인에게 성폭력범죄의 습벽 및 성폭력범죄를 다시 범할 위험성이 인정된다는 이유로 이 사건 부착명령 청구를 인용한 제1심판결을 그대로 유지하였다.

앞서 본 법리와 기록에 비추어 살펴보면, 이러한 원심의 판단은 정당한 것으로 수긍할 수 있고, 거기에 상고이유 주장과 같은 재범의 위험성에 관한 법리오해 등의 위법이 없다.

【판시사항】

피고인이 별거 중인 배우자 갑을 찾아가 협박하였다는 가정폭력행위로 법원으로부터 100m 이내 접근금지, 전기통신 이용 접근금지의 임시조치 결정을 받았음에도 1개월여 동안 지속적·반복적으로 갑에게 문자메시지 또는 사진 파일을 전송하거나 갑의 휴대전화에 부재중 전화 표시가 나타나게 하고 갑의 주거지 옥상에 올라가는 등의 방법으로 임시조치를 이행하지 않음과 동시에 스토킹행위를 하였다고 하여 가정폭력범죄의 처벌 등에 관한 특례법 위반 및 스토킹범죄의 처벌 등에 관한 법률 위반 등으로 기소된 사안에서, 피고인이 정보통신망을 통하여 직접 음향 등을 송신하는 행위뿐만 아니라 전화를 이용하여 상대방 전화기가 만들어 낸 음향 등(전화기의 벨소리, 부재중 전화 표시)을 도달하게 하는 행위 역시 스토킹행위에 해당하고, 지속적·반복적으로 상대방 휴대전화에 부재중 전화 표시가 나타나게 한 행위는 글이나 부호 등을 도달하게 하는 행위만큼이나 불안감·공포심을 일으키는 것이라는 등의 이유로, 공소사실 전부를 유죄로 인정한 사례

【판결요지】

피고인이 별거 중인 배우자 갑을 찾아가 협박하였다는 가정폭력행위로 법원으로부터 100m 이내 접근금지, 전기통신 이용 접근금지의 임시조치 결정을 받았음에도 1개월여 동안 27회에 걸쳐 지속적·반복적으로 갑에게 문자메시지 또는 사진 파일을 전송하거나 갑의 휴대전화에 부재중 전화 표시가 나타나게 하고 갑의 주거지 옥상에 올라가는 등의 방법으로 임시조치를 이행하지 않음과 동시에 스토킹행위를 하였다고 하여 가정폭력범죄의 처벌 등에 관한 특례법 위반 및 스토킹범죄의 처벌 등에 관한 법률 위반 등으로 기소된 사안이다.

스토킹범죄의 처벌 등에 관한 법률 제18조 제1항은 스토킹범죄를 저지른 사람을 3년 이하의 징역 또는 3,000만 원 이하의 벌금에 처하도록 규정하고, 같은 법 제2조 제2호는 '스토킹범죄'를 지속적 또는 반복적으로 스토킹행위를 하는 것으로 규정하고 있는바, 정보통신망 이용촉진 및 정보보호 등에 관한 법률 제74조 제1항 제3호, 제44조의7 제1항 제3호에서 말하는 '정보통신망을 통하여 공포심이나 불안감을 유발하는 부호, 문언, 음향을 반복적으로 상대방에게 도달하게 하는 행위'는 상대방에게 전화를 걸어 반복적으로 음향 등을 보냄으로써 이를 받는 상대방으로 하여금 공포심이나 불안감을 유발케 하는 것으로, 전화기의 벨소리는 정보통신망을 통하여 상대방에게 송신된 음향이 아니므로 반복된 전화기의 벨소리로 상대방에게 공포심이나 불안감을 유발케 하더라도 같은 법 위반이 될 수 없으나, 스토킹범죄의 처벌 등에 관한 법률 제2조 제1호 (다)목은 위 행위뿐 아니라 '전화를 이용하여 음향, 글, 부호 등을 도달하게 하는 행위'까지 스토킹행위로 보고 있어, 피고인이 전화를 이용하여 상대방 전화기가 만들어 낸 음향 등(전화기의 벨소리, 부재중 전화 표시)을 도달하게 하는 행위 역시 스토킹행위에 해당하고, 지속적·반복적으로 상대방 휴대전화에 부재중 전화 표시가 나타나게 한 행위는 글이나 부호 등을 도달하게 하는 행위만큼이나 불안감·공포심을 일으키는 것이어서 이를 스토킹범죄로 규율하는 것이 다양한 유형의 스토킹범죄로부터 피해자를 보호하려는 입법 취지에 부합하는 해석이라는 이유로, 공소사실 전부를

유죄로 인정한 사례이다.

【이 유】

1. 항소이유의 요지

원심의 형(징역 2년, 이수명령)은 너무 무거워서 부당하다.

2. 직권판단

피고인의 항소이유 주장에 대한 판단에 앞서 직권으로 살펴본다.

스토킹범죄의 처벌 등에 관한 법률 제18조 제1항은 '스토킹범죄'를 저지른 사람은 3년 이하의 징역 또는 3,000만 원 이하의 벌금에 처하도록 규정하고 있고, 같은 법 제2조 제2호는 '스토킹범죄'를 지속적 또는 반복적으로 스토킹행위를 하는 것으로 규정하고 있는바, 피고인은 피해자의 의사에 반하여 피해자에게 접근하겠다는 단일한 범의를 가지고 그 범의가 계속된 가운데 동종의 스토킹행위를 2022. 4. 24.부터 2022. 5. 25.까지 반복하여 행하였고, 특정 피해자 1인을 대상으로 하여 그 피해법익도 모두 동일하므로, 피고인이 피해자를 대상으로 지속적·반복적으로 한 스토킹행위는 포괄하여 스토킹범죄의 처벌 등에 관한 법률 제18조 제1항 위반죄 일죄에 해당한다고 봄이 상당하다. 그럼에도 원심은 판시 범죄사실 제1의 가.항, 제1의 나.항, 제2항의 스토킹범죄의 처벌 등에 관한 법률 위반죄를 각각 별개의 범죄로 보고 이를 경합범으로 처리하는 위법을 범하였고, 이러한 위법은 판결에 영향을 미쳤다.

피고인이 임시조치 결정을 위반하여 전기통신을 이용하여 피해자에게 접근한 행위 중 원심 판시 범죄사실 제1의 가.항의 별지 범죄일람표 순번 11, 12, 13번, 순번 16, 17, 18, 19번, 순번 22, 23, 24번은 각각 그 시간적 간격이 매우 근접하여 하나의 범의에 의한 연속된 행위라고 볼 수 있으나, 그 이외의 각 행위는 시간적으로 근접하였다고 할 수는 없어 하나의 범의에 의한 연속된 행위라고 볼 수 없다. 따라서 위 각 행위는 경합범으로 처리하여야 함에도, 원심은 이를 간과한 채 이를 모두 포괄일죄로 처리한 위법을 범하였고 이러한 위법 역시 판결에 영향을 미쳤다.

3. 결론

그렇다면 원심판결에 위와 같은 직권파기사유가 있으므로, 피고인의 양형부당 주장에 관한 판단을 생략한 채 형사소송법 제364조 제2항에 따라 원심판결을 파기하고 변론을 거쳐 다시 아래와 같이 판결한다.

【다시 쓰는 판결 이유】

【범죄사실 및 증거의 요지】

이 법원이 인정하는 범죄사실과 그에 대한 증거의 요지는 원심판결의 각 해당란 기재와 같으므로, 형사소송법 제369조에 따라 이를 그대로 인용한다.

【법령의 적용】

1. 범죄사실에 대한 해당법조

스토킹범죄의 처벌 등에 관한 법률 제18조 제1항(스토킹범죄의 점, 포괄하여), 각 가정폭력범죄의 처벌 등에 관한 특례법 제63조 제2항, 제29조 제1항 제3호(전기통신 이용 접근금지 임시조치 불이행의 점, 원심 판시 범죄사실 제1의 가.항의 별지 범죄일람표 순번 11, 12, 13번, 순번 16, 17, 18, 19번, 순번 22, 23, 24번은 각 포괄하여), 가정폭력범죄의 처벌 등에 관한 특례법 제63조 제2항, 제29조 제1항 제2호(100m 이내 접근금지 임시조치 불이행의 점), 특정범죄 가중처벌 등에 관한 법률 제5조의9 제2항, 제1항, 형법 제283조 제1항(보복목적 협박의 점)[정보통신망 이용촉진 및 정보보호 등에 관한 법률 제74조 제1항 제3호, 제44조의7 제1항 제3호에서 말하는 '정보통신망을 통하여 공포심이나 불안감을 유발하는 부호, 문언, 음향을 반복적으로 상대방에게 도달하게 하는 행위'는 상대방에게 전화를 걸어 반복적으로 음향 등을 보냄으로써 이를 받는 상대방으로 하여금 공포심이나 불안감을 유발케 하는 것으로 해석되고, 상대방에게 전화를 걸 때 상대방 전화기에서 울리는 전화기의 벨소리는 정보통신망을 통하여 상대방에게 송신된 음향이 아니므로, 반복된 전화기의 벨소리로 상대방에게 공포심이나 불안감을 유발케 하더라도 이는 같은 법 위반이 될 수 없다(대법원 2005. 2. 25. 선고 2004도7615 판결 참조). 그러나 스토킹범죄의 처벌 등에 관한 법률 제2조 제1호 (다)목은 위 행위뿐 아니라 '전화를 이용하여 음향, 글, 부호 등을 도달하게 하는 행위'까지 '스토킹행위'로 보고 있어, 피고인이 정보통신망을 통하여 직접 음향 등을 송신하는 행위뿐만 아니라 피고인이 전화를 이용하여 상대방 전화기가 만들어 낸 음향 등(전화기의 벨소리, 부재중 전화 표시)을 도달하게 하는 행위 역시 '스토킹행위'에 해당한다고 할 수 있다. 지속적·반복적으로 상대방 휴대전화에 부재중 전화 표시가 나타나게 한 행위는 글이나 부호 등을 도달하게 하는 행위만큼이나 불안감·공포심을 일으키는 것이어서 이 또한 '스토킹범죄'로 규율하는 것이 다양한 유형의 스토킹범죄로부터 피해자를 보호하려는 입법 취지에 부합하는 해석이라 할 것이다.]

2. 상상적 경합

형법 제40조, 제50조[스토킹범죄의 처벌 등에 관한 법률 위반죄, 원심 판시 범죄사실 제2항의 가정폭력범죄의 처벌 등에 관한 특례법 위반죄, 특정범죄 가중처벌 등에 관한 법률 위반(보복협박 등)죄 상호 간, 형이 가장 무거운 특정범죄 가중처벌 등에 관한 법률 위반(보복협박등)죄에 정한 형으로 처벌, 스토킹범죄의 처벌 등에 관한 법률 위반죄와 원심 판시 범죄사실 제2항을 제외한 나머지 각 가정폭력범죄의 처벌 등에 관한 특례법 위반죄 상호 간, 각 형이 더 무거운 스토킹범죄의 처벌 등에 관한 법률 위반죄에 정한 형으로 처벌]

3. 형의 선택

스토킹범죄의 처벌 등에 관한 법률 위반죄에 대하여 징역형 선택

4. 경합범 가중

형법 제37조 전단, 제38조 제1항 제2호, 제50조[스토킹범죄의 처벌 등에 관한 법률 위반죄와 특정범죄 가중처벌 등에 관한 법률 위반(보복협박 등)죄 상호 간, 형이 더 무거운 특정범죄 가중처벌 등에 관한 법률 위반(보복협박등)죄에 정한 형에 위 두 죄의 장

기형을 합산한 범위 내에서 경합범 가중] [대법원은 2001. 2. 9. 선고 2000도1216
판결에서 C죄가 A죄, B죄에 비해 형이 중한 사안에서 A죄와 B죄가 C죄와 각각 상상
적 경합범 관계에 있을 때 A죄와 B죄 상호 간은 실체적 경합범 관계에 있다고 할지라
도 상상적 경합범 관계에 있는 C죄와 대비하여 가장 중한 C죄에 정한 형으로 처단하
면 족한 것이고 따로 C죄에 대하여 경합범 가중을 할 필요가 없다고 하였는바, 이는
상상적 경합 단계에서 각각 C죄에 정한 형으로 처벌하는 것으로 정하였다가 경합범
가중 단계에 이르러서는 단일한 C죄를 이중으로 평가하여 경합범 가중을 하는 불합리
가 발생하기 때문에 따로 경합범 가중을 하지 않은 것이다. 반면 대법원은 2005. 4.
14. 선고 2005도114 판결에서 A죄, B죄가 C죄보다 중한 사안의 경우 원칙으로 돌아
가 상상적 경합범 관계에 있는 A죄와 C죄 사이에서는 형이 더 무거운 A죄에 정한 형
으로, B죄와 C죄 사이에서는 형이 더 무거운 B죄에 정한 형으로 각 처벌하되, A죄와
B죄는 실체적 경합범 관계에 있으므로 경합범 가중을 하여야 한다고 하였다. 이에 따
라 위 스토킹범죄의 처벌 등에 관한 법률 위반죄 상호 간은 따로 경합범 가중을 하지
않고, 스토킹범죄의 처벌 등에 관한 법률 위반죄와 특정범죄 가중처벌 등에 관한 법률
위반(보복협박등)죄 상호 간은 원칙으로 돌아가 경합범 가중을 하기로 한다.]

5. 이수명령
   스토킹범죄의 처벌 등에 관한 법률 제19조 제1항 제2호

【양형의 이유】

1. 법률상 처단형의 범위: 징역 1년~33년

2. 양형기준에 따른 권고형의 범위

   앞서 본 바와 같이 원심 판시 범죄사실 중에 상상적 경합범 관계에 있는 부분이 있어
   양형기준의 다수범죄 처리기준이 적용되지 않는다. 다만 상상적 경합범 관계에 있는
   각 죄 중 형이 가장 무거운 죄만 저질렀다고 가정하여 양형기준을 적용하면 권고형량
   의 범위는 아래와 같다.

   1) 제1범죄[특정범죄 가중처벌 등에 관한 법률 위반(보복협박 등)]
      [유형의 결정] 폭력범죄 〉 04. 협박범죄 〉 [제5유형] 보복목적 협박
      [특별양형인자] 감경요소: 협박의 정도가 경미한 경우
      [권고영역 및 권고형의 범위] 감경영역, 징역 4개월~1년 4개월

   2) 제2범죄(스토킹범죄의 처벌 등에 관한 법률 위반): 양형기준 미설정

   3) 다수범죄 처리기준에 따른 권고형의 범위: 징역 4개월 이상(양형기준 미설정 범죄와
      의 경합범)

   4) 처단형에 따라 수정된 권고형의 범위: 징역 1년~33년(양형기준에서 권고하는 형량
      범위가 법률상 처단형의 범위와 불일치하므로 법률상 처단형의 범위에 따름)

3. 선고형의 결정: 징역 1년, 이수명령 40시간

   이 사건 범행은 피고인이 100m 이내 접근금지, 전기통신 이용 접근금지의 임시조치

결정을 받았음에도 27회에 걸쳐 피해자에게 문자메시지나 사진 파일을 전송하거나 부재중 전화 표시가 나타나게 하였고(그중 1회는 피해자가 형사고소를 하였다면서 보복의 목적으로 협박을 하는 내용의 문자메시지를 전송한 것이다), 피해자의 주거지 옥상을 올라가는 등 접근하여, 위 임시조치 결정을 이행하지 않음과 동시에 스토킹범죄를 저지르고 보복의 목적으로 피해자를 협박하였다는 것으로, 범행의 동기, 수단과 결과 등에 비추어 죄질이 좋지는 않다. 피고인은 피해자에 대한 가정폭력 관련 신고를 접수받아 출동한 경찰관을 상대로 공무집행방해죄를 저질러 2021. 10. 28. 인천지방법원 부천지원에서 징역 8개월에 집행유예 2년을 선고받아 2021. 11. 5. 위 판결이 확정되어 그 집행유예 기간 중에 있었음에도 피해자를 상대로 이 사건 범행을 저질러 그 비난가능성 또한 크다. 피고인은 이 사건 범행으로 경찰서에 인치되어서도 "내가 죽일 수 있어 죽이는 거? 5분이면 된다. 누구긴 누구야 그년이지, 따라가 가서 죽이든지 뭐 칼로 긁든지 그럼 신문에 나겠지."라고 말하는 등 범행 후의 정황도 좋지 않다. 피고인은 피해자로부터 용서받지 못하였고 피해 회복을 위한 조치를 취하지 않았다.

다만 피고인은 이 사건 범행을 인정하고 있다. 피고인은 직접적으로 피해자의 신체에 위해를 가하지는 아니하였다. 피해자는 피고인을 상대로 이혼 등 청구의 소를 제기하였는바, 이 사건 범행의 경위 등에 비추어 보았을 때 이혼이 성립하면 피고인이 피해자에 대해 다시 범행을 저지를 가능성 또한 비교적 커 보이지 않는다.

이러한 사정을 비롯하여 피고인의 나이, 성행, 환경, 가족 관계, 범행의 동기와 경위, 수단과 결과, 범행 후의 정황, 처단형과 대법원 양형위원회의 양형기준 등 이 사건 변론에 나타난 모든 양형요소를 종합적으로 고려하여 주문과 같이 형을 정한다.

◨ 편 저 대한법률콘텐츠연구회 ◧

**(연구회 발행도서)**

· 청구취지 원인변경 소의 변경 보충·정정 작성방법
· 청구이의의 소 강제집행정지 제3자이의의 소
· 음주운전 공무집행방해 의견서 작성방법
· 불기소처분 고등법원 재정신청서 작성방법
· 형사사건항소 항소이유서 작성방법
· 불법행위 손해배상 위자료 청구
· 경찰서 진술서 작성방법

가정폭력 고소장 작성방법 및 신고/고소 보호처분 실무지침서

# 접근금지 가정폭력 고소방법

2025년  7월  20일 인쇄
2025년  7월  25일 발행

편   저   대한법률콘텐츠연구회
발행인   김현호
발행처   법문북스
공급처   법률미디어

주소   서울 구로구 경인로 54길4(구로동 636-62)
전화   02)2636-2911~2,  팩스  02)2636-3012
홈페이지   www.lawb.co.kr

등록일자   1979년 8월 27일
등록번호   제5-22호

ISBN   979-11-94820-14-7 (13360)

정가   28,000원




이 도서의 국립중앙도서관 출판예정도서목록(CIP)은 서지정보유통지원시스템 홈페이지(http://seoji.nl.go.kr)와 국가
자료종합목록 구축시스템(http://kolis-net.nl.go.kr)에서 이용하실 수 있습니다.


홈페이지   www.lawb.co.kr
페이스북   www.facebook.com/bummun3011
인스타그램   www.instagram.com/bummun3011
네이버 블로그   blog.naver.com/bubmunk